Davlatnazarov Davlatnazar

É usado no épico "O Nascimento de Gorogli"
análise de antropônimos

****

"Goʻroʻgʻlining tugʻilishi" dostonida qoʻllangan antroponimlar tahlili

© Davlatnazarov Davlatnazar
E usado no epico 'O Nascimento de Gorogli' analise de antroponimos
by: Davlatnazarov Davlatnazar
Edition: July '2024
Publisher:
Taemeer Publications LLC (Michigan, USA / Hyderabad, India)

ISBN 978-93-5872-616-9

© **Davlatnazarov Davlatnazar**

Book	:	E usado no epico 'O Nascimento de Gorogli' analise de antroponimos
Author	:	Davlatnazarov Davlatnazar
Publisher	:	Taemeer Publications
Year	:	'2024
Pages	:	92
Title Design	:	*Taemeer Web Design*

INTRODUÇÃO

A unidade da criatividade oral popular é uma importante fonte de informação sobre a rica história, etnogênese e etnografia única do povo uzbeque. Em particular, o primeiro presidente I.A. Karimov em sua obra "A alta espiritualidade é um poder invencível": Milhares de milhares de manuscritos mantidos hoje no tesouro de nossas bibliotecas, desde os mais antigos petróglifos e inscrições criadas pelo pensamento e gênio de nossos ancestrais, valiosas obras de história, literatura, arte, política, ética, filosofia, medicina, matemática, mineralogia, química, astronomia, arquitetura, agricultura e outros campos nelas incorporados são nossa grande riqueza espiritual. Vale dizer que a criatividade oral popular, que reflete o pensamento e a genialidade de nossos ancestrais, vem passando de boca em boca, de ancestral em geração, lapidando-se e desenvolvendo-se ao longo dos séculos. Em particular, o Honorável Presidente Shavkat Miromonovich Mirziyoyev, reconhecendo que "as inestimáveis obras-primas culturais criadas pela humanidade, antes de tudo, estão incorporadas na arte folclórica de qualquer nação", implementou várias reformas no desenvolvimento de exemplos de arte folclórica que estão aumentando. Em particular, por iniciativa do nosso Presidente, foi tomada a decisão de realizar o Festival Internacional de Arte de Doar em 1º de novembro de 2018. De acordo com esta decisão, decidiu-se realizar um tradicional festival de doações internacionais em diferentes regiões do Uzbequistão a cada dois anos. Junto com isso, o Primeiro Festival Internacional Bakhshichilik foi realizado de 5 a 10 de abril de 2019 em Termiz, região de Surkhandarya. Vários cientistas têm estado ativos na pesquisa do folclore uzbeque e estudaram materiais folclóricos de várias maneiras em suas pesquisas. Em particular, no estudo e pesquisa de obras folclóricas, a dissertação de doutorado de Z. Qabulniyozov intitulada Formação e desenvolvimento do folclore uzbeque", trabalhos científicos como "Especificações, tipologia e poética dos épicos folclóricos de Khorezm" do cientista folclorista S. Ro'zimboyev é de grande importância. Vários trabalhos estão sendo realizados no campo da linguística no estudo de épicos folclóricos. Como exemplo, podemos citar o "Léxico dos jogos folclóricos uzbeques" de E. Jabbarov, "Características léxico-semânticas e estilísticas da linguagem épica Alpomish" de A. Abdiyev e outros trabalhos científicos semelhantes. Gostaria de enfatizar que hoje estão sendo realizados vários estudos sobre unidades anamásticas utilizadas em épicos. Através deste livro, você pode ver a análise dos antropônimos usados nas epopéias.

Como disse o nosso chefe de Estado, o folclore é um tesouro que revela o pensamento e a genialidade dos nossos antepassados. É nosso dever preservá-los e transmiti-los à próxima geração.

Dots. Quvondiq Olloyorov

1-CAPÍTULO.
NOMES DE PESSOAS REAIS E NÃO REAIS NA LÍNGUA DA ÉPICA DE KHORAZM

As definições e comentários a seguir são fornecidos sobre nomes que representam objetos reais e não reais (nomes próprios) em pesquisas e literatura científica sobre a nomenclatura uzbeque.

1. Realionim (do alemão "real", "real" e do latim "realis" - real sobre uma coisa) é o nome de coisas, eventos e objetos que realmente existem no mundo objetivo.
2. Nome verdadeiro - realônimo.
3. O nome de uma pessoa real é o nome de uma pessoa que realmente vive ou viveu na vida real.[2:20]

Esta informação foi retirada do livro "Dicionário Anotado de Termos Onomásticos Uzbeques" Namangan-2006, publicado por E. Begmatov e N. Ulukov. Mas nesta e em literatura científica semelhante, não há comentários e informações suficientes sobre os nomes que representam objetos irreais. Por exemplo, na página 20 da fonte acima mencionada, são fornecidas as seguintes informações sobre "nomes lendários": "objetos (animais, coisas e eventos, pessoas) que não existem no mundo material, mas são considerados como existindo na imaginação".

[2:20] Depois disso, termos como "topônimos míticos", "nome de pessoa(s) mítica(s)" são explicados, enquanto na página 47 "nome mítico", "myphonime", "nome de personagens mitológicos", "myphotoponym" e outros termos são explicados. Porém, tendo em mente que a palavra "mito" corresponde à palavra "lenda", se prestarmos atenção à definição dos termos acima, os termos "nome lendário" e "mitonim" podem logicamente significar a mesma coisa ou conceito. Mas na revisão dos nomes míticos da publicação: "myfonim" - grego "myphog" - mito, conto de fadas; + "onoma" - nome famoso) é definido como nomes famosos encontrados em lendas, épicos, contos de fadas. Com base nesta revisão, qualquer nome encontrado em lendas, contos de fadas, épicos pode ser unido sob o termo nome "mítico"? [2:47] Afinal, entre os nomes encontrados em lendas e narrativas, épicos e épicos, também existem substantivos famosos que representam objetos e eventos reais. Se os incluirmos na categoria de "nomes míticos", em nossa opinião, a lógica e a consistência da definição dos termos ficarão prejudicadas. Por isso, ao estudar esse fenômeno, chegamos à conclusão de que é mais correto chamar os nomes próprios do léxico dos épicos de Khorezm como nomes que representam objetos reais e irreais. Pretendemos tentar esclarecer a disparidade na

literatura científica, apoiando-nos nas nossas próprias conclusões científicas.
 Expressamos nossa opinião nos capítulos anteriores de que a onomástica folclórica é uma das áreas menos estudadas. Além disso, consideramos permitido dizer o seguinte. Não é à toa que os pesquisadores Dosmurod Abdurahmanov e Habibulla Bektemirov, em seu artigo intitulado "Onomástica dos épicos folclóricos uzbeques", afirmam que "os substantivos famosos no léxico dos épicos folclóricos uzbeques têm o menor número de palavras em termos de quantidade". Porque, se contarmos os substantivos famosos de uma saga, considerados separadamente, sai uma quantidade muito pequena. 470 títulos de doze épicos foram identificados nas obras dos autores citados. Esse valor foi calculado incluindo os nomes usados repetidamente entre os épicos. É claro e óbvio que esse valor diminuirá ainda mais se não levarmos em conta o nome repetido. No entanto, a questão de quantos nomes são usados pode ser respondida sem contar as repetições.
 Se não levarmos em conta o número de substantivos famosos em cada épico, os nomes tradicionais usados em épicos, ou seja, os nomes que representam Alá e seus atributos, os nomes dos profetas e xeques famosos e santos com fileiras religiosas, e os talmehs pertencente à literatura clássica. caso contrário, se limitarmos

aos nomes pertencentes a um determinado épico, não poderá exceder 10-15. Em alguns épicos, pode ser ainda menos. Por exemplo, no processo de contagem dos substantivos famosos mencionados no épico "Ashiq Garib va Shahsanam" (o segundo livro, páginas 12-139; o quarto livro, páginas 10-31), publicado como parte dos épicos do "Ashiqnoma", cerca de sessenta nomes foram adicionados. Será conhecido. Destes, apenas quatorze nomes pertencem ao próprio épico mencionado, e o restante são títulos tradicionais e repetidos usados nos épicos de Khorezm. Se compararmos esses nomes com os nomes da linguagem das obras artísticas, podemos ver que quase um grande número deles é usado repetidamente. Considerando esta situação, fica claro o quão correta é a opinião acima de que os substantivos são muito menores em tamanho do que outras palavras.

De acordo com as tradições dos pesquisadores que conduziram pesquisas científicas sobre os substantivos famosos do léxico dos épicos, os substantivos famosos dos épicos de Khorezm podem ser divididos em diferentes grupos temáticos. Por exemplo, nomes de pessoas, nomes de lugares, nomes de corpos celestes, nomes de montanhas e lagos, etc.

Em alguns estudos científicos, também são perceptíveis casos de uso do termo "nomes pessoais" em relação a substantivos semelhantes. Isto, em nossa opinião, está errado, porque quando dizemos "nomes pessoais" é utilizado o termo "nome". Sabemos pela literatura do período posterior que esta palavra é usada apenas para substantivos. Se esta situação não for levada a sério, os dois termos podem ser confundidos: "substantivos pessoais" e "nomes pessoais". Ambos os termos são substantivos e ambos se caracterizam pelo fato de se referirem a substantivos usados em relação a pessoas. Porém, é mencionado na literatura científica que "substantivos pessoais" são considerados uma espécie de substantivo. [5:96]

O livro didático para a 6ª série, preparado para publicação por N. Mahmudov, A. Nurmetov, A. Sobirov, D. Nabiyeva, lista substantivos pessoais, substantivos objetos e substantivos locais como tipos de substantivos relacionados. Os substantivos pessoais são definidos na página 105 deste livro. Substantivos pessoais - quem? de quem quem? para quem? quem tem de quem? haverá uma resposta às suas perguntas. As pessoas são nomeadas de acordo com sua idade, local de residência, cargo, profissão, status social, nível de parentesco e linhagem [5:105]

A partir disso, pode-se ver que o termo "substantivos pessoais" na literatura científica relacionada à linguística uzbeque do período posterior expressa apenas o significado de substantivos relacionados. E enquanto pensamos nos nomes dados às pessoas nas epopéias de Khorezm, pretendemos atingir nosso objetivo eliminando o desequilíbrio no uso desses termos e mantendo a lógica.

No processo de busca de substantivos famosos no léxico das épocas folclóricas e nos textos de obras artísticas, e no processo de preparação de um grande banco de dados deles, percebeu-se que a pesquisa de vários aspectos desses nomes, comparação, pesquisa de aspectos comuns e diferentes é o uzbeque. enriquece a onomástica com informações mais importantes. A primeira coisa que chama a atenção e atrai o pesquisador em termos de substantivos famosos da linguagem das épocas folclóricas e de obras relacionadas à literatura escrita é a questão dos nomes que representam objetos reais e não reais.

Sabe-se pelas observações que os nomes de pessoas em obras folclóricas e relacionadas à literatura escrita são nomes de figuras históricas reais e, ao mesmo tempo, nomes de pessoas não reais inventadas.

Quando se trata de nomes repetidos associados a figuras históricas, são principalmente nomes de reis, profetas, poetas e outras figuras famosos. Provavelmente não há necessidade de falar sobre o lugar especial e o status da primeira obra de Khamsa, o épico "Hayrat ul-Abror" de A. Navoi, que ocupa um lugar especial na literatura

escrita. As semelhanças entre os nomes de algumas pessoas encontradas nesta obra e as obras do folclore, em particular, alguns nomes do léxico das epopeias, tornam-se únicas. Vejamos os seguintes exemplos:
Jamshid, Faridunman Zol-u Rustamzar,
O rei Alexandre, que conquistou o país, não existe mais... [4:206]

(Dos épicos da série "Gorogli")

Se essas linhas se referem ao léxico das epopéias e contêm nomes característicos de obras folclóricas;

... Zol é um Rustam
Há tristeza no ar..
.ou,
... Ele viu para onde Faridin-u Jam foi,
Erjas-u Hushang e Zahhok... [6:149]

como pode ser visto nesses exemplos, o uso repetido de nomes em obras folclóricas e na literatura escrita é caracterizado por suas peculiaridades. Nos exemplos acima, podemos ver que antropônimos como Rustam, Zol, Faridun, Jam (Jamshid), Zahhok, Hushang são usados no estado reflexivo. É sabido por estudos científicos que esses nomes são, na verdade, retirados do "Shahnoma" de Abulqasim Firdausi.

Os nomes de Takhmuras e Faridun encontrados nesta obra estão entre os nomes de

pessoas que se repetem em maior escala nas obras folclóricas. Os exemplos a seguir confirmam isso:
... ul Shahimardan é o leão da verdade,
Nosso avô é como se Takhmuras fosse um leão...
[8:157]
   Um dos nomes pessoais mais usados no léxico da literatura escrita e nas obras folclóricas é o nome "Iskandar". Existem diferentes fontes de informação sobre a etimologia deste nome. Em alguma literatura, o nome "Iskandar" da antroponímia dos povos orientais é interpretado como originário do nome europeu "Alexandre". Este nome pode ter se originado desta forma, mas não é verdade dizer que Alexandre, o Grande, significa Alexandre, o Grande em todos os lugares. Mesmo assim, o nome "Iskandar" é usado repetidamente tanto para literatura escrita quanto para obras orais. Exemplo:
...Avazjan, meu filho, Sua Alteza Iskandar Shah não pediu justiça para o país como eu... [3:137]
ou:
... Nunca houve uma guerra que abalou os céus e o céu desde a época de Alexandre. [3:188]
   Na literatura escrita, em particular na obra de Navoi, "Iskandar" é utilizado nesta forma e na forma de "Skandar" com exigência de peso, como pode ser visto nos seguintes exemplos:
... Onde está Nawroz com Salm-u Manuchehr?
Onde fica Bahman-u Doro-vu Skandar?
Genghis Khan, o sangue do mundo?

O sangue do rei mundial Temur Koragon?... [6:150]

Entre os nomes de figuras históricas reais relacionadas às obras folclóricas e à literatura escrita, além dos já mencionados Chingiz Khan, Amir Temur, Darius, também são mencionados os nomes e apelidos dos famosos poetas Nasimi, Jami, Navoi. Por exemplo,
... Seja um ajudante, meu querido Navoi,
Tenha misericórdia de mim... [9:216] ou,
... Foi como se tivessem massacrado minha pele.
Eles pegaram paus e os perseguiram pelo deserto... [10:422] ou,
... A noite é de verão, a noite do conselho,
Maulana Jami, o líder de Navoi... [9:216] e outros.

Dentre os nomes de pessoas encontrados em obras folclóricas e na literatura escrita, podemos perceber que os nomes que representam nomes de pessoas que não viveram na vida real, inventados ou cuja existência na história não é encontrada, também são utilizados reflexivamente. Alguns exemplos destes são Hotam (Toyi), Qorun, Shirin, Farhad, Layli e Majnun.

Entre os nomes do léxico da literatura escrita e das épocas do folclore, Hotam é um dos nomes mais ativos. Este nome é encontrado nos épicos de Khorezm na forma de Hotam, Hotami.

Nos seguintes trechos do épico "Hayrat ul Abror" de A. Navoi, fica claro que esse nome é descrito com sutilezas próprias:

... Que a lua de seus corações se encha,
Meu servo é meu Hotam, meu dedo é meu...
[6:64] ou,
...Hotami Toyiga é um homem bonito,
Ele disse: "Oh, seus esforços são puros"...
[6:70]

Folclore O nome Qorun é um dos nomes amplamente utilizados relacionados a obras folclóricas e literatura escrita. Considere os seguintes exemplos:

...Aquele que vive no coração do mundo,
Mulki Jam-u taji Faridun an...[6:83] ou,
...Agradeça a Qorun,
A propriedade de Foqa pertence a Faridun anga... [6:86]

Em geral, existem muitas peculiaridades no uso repetido de nomes pessoais na linguagem de obras relacionadas à literatura escrita e oral. Por exemplo, alguns nomes referem-se a exatamente uma pessoa na literatura escrita e oral e são usados neste sentido; e alguns nomes podem referir-se a pessoas diferentes, apesar de terem a mesma forma.

Os nomes que representam os nomes dos heróis da obra são os nomes mais repetidos. Bakhshi ou poeta, é claro, decora sua obra com figuras históricas ou heróis de obras famosas, mostrando assim que está ciente de muitas coisas. Assim, o estudo de nomes reais e irreais de pessoas no folclore e na literatura escrita pode enriquecer o campo da onomástica com informações mais interessantes.

REFERÊNCIAS

1. Abdurahmonov D., Bektemirov H. Onomástica dos épicos folclóricos uzbeques. -Tashkent: 1967.
2. Begmatov E. Ulukov N. Dicionário explicativo de termos onomásticos uzbeques. - Namangan, 2006.
3. Gorogli. Livro 1. Prof. preparando-se para publicação. S. Rozimboyev. Épico "Tanga Árabe". -Urganch: editora Khorezm, 2004.
4. Gorogli. O narrador é filho do poeta Yusuf Rahmatullah. Preparadores para publicação: T. Mirzayev e Z. Husainova. - Tashkent: Sharq, 2006.
5. Mahmudov N., Nurmonov A., Sobirov A., Nabiyeva D. Língua materna. Para a 6ª série.
6. Navoi. Hayrat ul-Abrar. Capital da literatura uzbeque. O editor responsável é Vahab Rahmonov. -Tashkent: Editora G. Ghulam, 1989.
7. Olloyorov Q. Onomástica dos épicos de Khorezm. -Tashkent: Faíscas literárias,

2017.
8. Oshiqnoma. Livro 1. Prof. preparando-se para publicação. S. Rozimboyev. Saga "Roi Chin". -Urganch: editora Khorezm, 2006.
9. Oshiqnoma. Livro 2. Editor responsável S. Rozimboyev. -Urganch: Editora Khorezm, 2006. Épico "Miskim e Gulqand".
10. Oshiqnoma. Livro 2. Editor responsável S. Rozimboyev. -Urganch: Editora Khorezm, 2006. Épico "Shahriyor".

ANTROPÔNIMOS NO ÉPICO "O NASCIMENTO DO GURUGLI" QUE ESTÃO INCLUÍDOS NA SUA PRÓPRIA E NA CAMADA ASSIMILADA

O ramo da linguística onomástica que estuda cavalos de qualquer natureza, a história de sua ocorrência e mudança, também expressa em si a soma de todos os substantivos proverbiais da língua. A ciência da onomástica divide os objetos que receberam nomes válidos em seções de acordo com sua categoria. Um deles é o antropônimo (grego: antropos - antropos + onoma - cavalo com cavalo) – homem com cavalo (nome, sobrenome, apelido, apelido, apelido, patronímico, etc.). Todos aqueles presentes em uma determinada língua, o conjunto de cavalos nobres é denominado antroponímia.[1:13] E a antroponímia ou estudos de substantivos é a seção da onomástica que estuda o surgimento, o desenvolvimento e as funcionalidades do antepassado humano (antropônimos). A coleta e o estudo de antropônimos uzbeques com base científica começaram no final do século XIX - início do século XX. Com a formação da nomologia uzbeque como campo independente na década de 70 do século XX, o escopo da pesquisa sobre antroponímia (estudos de substantivos)ka em sua composição também se expandiu. A partir desse período, a antroponímia uzbeque começou a ser estudada em diversas direções. A pesquisa sobre a antroponímia uzbeque remonta à década de 80 do século XX, quando se deu atenção ao estudo da camada turca em sua composição. Por exemplo, G.Sattorov fez seu trabalho de nomeação sobre o tema "Camada turca de nomes uzbeques". [2:19] Durante os anos de independência, o escopo da pesquisa sobre a antroponímia uzbeque se expandiu ainda mais. Na onomástica épica, nomes humanos - nomes colocados em heróis - isto é, um complexo de antropônimos formam um grupo separado. Esses nomes, por sua vez, são divididos em grupos etnograficamente e linguisticamente distintos. É sabido que o povo uzbeque manteve contacto económico, político e cultural com outros povos ao longo de períodos históricos. Essas conexões têm certa influência na linguagem das pessoas com quem interagem. A mudança e o desenvolvimento da língua serão fortes no léxico da língua. Os nomes proverbiais na onomástica dos épicos folclóricos uzbeques são geneticamente agrupados de acordo com o idioma de onde realmente vêm. Os antropônimos do léxico da epopéia "O Nascimento do Gurugli", que pretendemos analisar, também se dividem nos seguintes grupos de acordo com a camada a que pertencem:

1. Antropônimos incluídos em camada própria conforme aplicado na epopeia.
2. Antropônimos que fazem parte da camada de absorção utilizada na epopeia.

Na epopéia testemunhamos o uso de nomes pertencentes às seguintes línguas: árabe, persa, tadjique, uzbeque e outras línguas.

Antropônimos incluídos em camada própria conforme aplicado na epopéia.
Os nomes desta espécie são nomes turcos puros (uzbeques). Por exemplo:
Mari yurtining Qovishtixon degan xoni bor edi. Qovushtixonning To'liboy sinchi degan bir o'g'li bor edi.[3:3]
O nome **Toliboy**, usado aqui, é turco puro (uzbeque), significando uma criança dada por completo, com menos frequência, significa um mano que mora longe.
Taka turkman degan bir yurt bor edi. Bu yurtda Jig'alixon degan bek bor edi.[3:4]
Zhigalikhan em turco puro (uzbeque) significa uma criança que nasce com uma marca na cabeça.

Antropônimos que fazem parte da camada de absorção utilizada na epopeia. Nomes deste tipo são antropônimos derivados do árabe, persa e grego, que entraram em nossa língua vindos de outras línguas. Por exemplo:
- **Antropônimos emprestados do árabe.**

Burungi zamonda Yovmit degan el, Mari degan yana bir qo'rg'on bor edi. Yovmit yurtining

Odilxon degan podshosi bor edi.[3:3]
O nome **Odilkhan**, emprestado do léxico árabe, significa uma pessoa verdadeira, justa e desonesta.[4:307]
*Odilxonning **Bibi Oysha** degan qizi ham bor edi.*[3:3]
O nome **Oisha** é considerado árabe e representa significados como uma viva, barhayot, uma garota sólida como uma Pedra da Alma.
*Odilxon podshoning ikki o'g'li bolib, kattasining oti Urayxon, kichkinasining oti **Ahmadbek** edi.*[3:3]
O nome **Ahmad**, cuja origem é árabe, tem muitos elogios a Deus – Aquele que diz Salmos significa como um homem que é elogiado e aplaudido.[4:32]
*Taka Turkman degan yana bir yurt bor edi. Bu yurtda Jig'alixon degan bek bor edi, Jig'alixonning Gajdumbek degan o'g'li, **Bibi Hilol** degan qizi bor edi.*[3:4]
Outro nome árabe para meninas é o nome **Hilol**, que significa uma menina que nasceu na noite em que saiu a lua nova, com um mês ou dois dias de idade.[4:573]

- **Persa é um antropônimo emprestado da língua tadjique.**

*Bibi Oyshaning bo'yida bolib, oy-kuni to'lib o'g'il tug'di. Otini **Ravshanbek** qo'ydi.*[3:4]
O nome **Ravshanbek**, emprestado da língua persa-tadjique, expressa o significado de criança

brilhante, luminosa, nobre, brilhante, clara, pura, despreocupada, brilhante, forte, perceptiva, tolei brilhante com um charme ou iqboli.[4:344]
- **Um antropônimo emprestado do grego.**
Barcha hukamo, qur'andozmunajjimlarning ichida Yusuf degan bir qur'andozi bor edi.[3:11]

O antropônimo **Yusuf**, emprestado do grego antigo, denota significados como coberto de vegetação, coberto de vegetação. [4:524] Além dele, uma proporção é dada em nome de José, filho do Profeta Jacó, e este é considerado um símbolo de beleza e gentileza no Oriente.

Concluindo, vale dizer que as palavras pertencentes ao eu e à camada absorvida utilizadas na epopéia historicamente têm origens diferentes. Os significados que eles significam também são coloridos. Durante nossas pesquisas e pesquisas científicas, estudaremos os nomes que dominamos e pertencem à mesma camada, bem como os submeteremos à análise.

REFERÊNCIAS
1. Begmatov E., Ulukov N. Dicionário explicativo de termos onomásticos uzbeques. - Namangan, 2006.
2. Sattorov G.H. Camada turca de nomes uzbeques. N.D.A. - Tashkent, 1990.
3. Criatividade oral popular. O nascimento do Gurugli. Editora: Malik Murodov. -

Tashkent: Serviço de Polígrafo Newyul, 2019, P-208.
4. E. A. Begmatov. Significado do nome uzbeque: (Dicionário Explicativo). - T,: Editora Científica Estatal "Enciclopédia Nacional do Uzbequistão", 2007, P-608.

ANTROPÔNIMOS NO ÉPICO "O NASCIMENTO DE GURUGLI" QUE ESTÃO INCLUÍDOS NA SUA CAMADA PRÓPRIA E ASSIMILADA

Na onomástica épica, nomes humanos - nomes colocados em heróis - isto é, um complexo de antropônimos formam um grupo separado. Esses nomes, por sua vez, são divididos em grupos etnograficamente e linguisticamente distintos. É sabido que o povo uzbeque manteve contacto económico, político e cultural com outros povos ao longo de períodos históricos. Essas conexões têm certa influência na linguagem das pessoas com quem interagem. A mudança e o desenvolvimento da língua serão fortes no léxico da língua. Os nomes proverbiais na onomástica dos épicos folclóricos uzbeques são geneticamente agrupados de acordo com o idioma de onde realmente vêm. Os antropônimos do léxico do épico "O Nascimento do Arco-Íris", que pretendemos analisar, também estão divididos nos seguintes grupos de acordo com a camada a que pertencem: os nomes proverbiais na onomástica dos épicos folclóricos uzbeques são geneticamente agrupados de acordo com o idioma de onde eles realmente vêm. Os antropônimos do léxico da epopeia "O Nascimento do Arco-Íris", que pretendemos analisar, também se dividem nos seguintes grupos de acordo com a camada a que

pertencem:
1. Antropônimos incluídos em camada própria conforme aplicado na epopeia.
2. Antropônimos que fazem parte da camada de absorção utilizada na epopeia.

Na epopéia testemunhamos o uso de nomes pertencentes às seguintes línguas: árabe, persa, tadjique, uzbeque e outras línguas. E a seguir conheceremos a análise dos antropônimos da epopéia em qual camada de vocabulário entrar.

Antropônimos incluídos em camada própria conforme aplicado na epopéia.
Os nomes desta espécie são nomes turcos puros (uzbeques). Por exemplo:

Xotinidan bir bola bo'ldi. Otini ***Qo'ng'irboy*** *qo'ydi.*[4:60]

A palavra **Qungirbay** é uma forma diminuta do nome de uma criança de cabelos ou olhos castanhos ou Bell(Neve).

Go'ro'g'li *tug'ilgandan beri go'rda chiroq yonib turar adi.* [4:60]

Gurugli é exatamente: uma criança nascida na caverna. Este nome é admirado por dar uma relação ao nome do herói dos épicos folclóricos uzbeques, Gurugli. Na antiga língua turca, gor-kor-botir significa bravo, pahlavon.

Antropônimos que fazem parte da

camada de absorção utilizada na epopéia.

Nomes deste tipo são antropônimos derivados do árabe, persa e grego, que entraram em nossa língua vindos de outras línguas. Por exemplo:

- **Antropônimos emprestados do árabe:**
    -*Kelgan lashkar kim ekan bilib kelinglar!-
    deb o'zining Taka begi **Zamon** degan lashkar boshlig'ini birnecha odamlarga qo'shib, elchi qilib yubordi.* [4:7]
    Um digno e respeitado filho de **Zamon**.[3:47]
    *Shohdorxon podsho hammasini qo'yib yubordi. Lekin Shohdorxonning **Hamza** degan bir odami bor edi.* [4:9]
    Hamza é o nome de uma planta picante, amarga, risonha, ardente, lamparina ou medicinal. O nome é derivado de Muhammad (s.a.v.) era o nome de seu tio.[5:504]
    *Shunda bir sher mozoristonda yotgan ekan, bolaga qarab tashlandi. Shunda hazrati **Xizr** kelib sherga bir tarsaki urdi* [4:63]
    O significado do nome Khizr é verde, Khizr é um símbolo de vitalidade eterna, prosperidade, boa sorte. Segundo a lenda, nome do lendário profeta que encontrou e bebeu a fonte da água da vida. Por isso é sempre considerado uma bênção. Ele é considerado um benfeitor, um benfeitor dos desviados. Khidir também tem os significados de puro, puro, velado (mascarado).
    *Anal bilan **Mansur** qurgan dormidi,*

> *Tirik ayrilgan, bir ko'rgali zormidi,*
> *Yur, chirog'im, deydi meni qo'ymaydi,*
> *Senda aka, menda tog'a bormidi?* [4:66]

A palavra **Mansur** significa pilar, conquistador.

- **Antropônimo emprestado do Persa-Tadjique:**
Rustam: -Endi davlatga ega bo'ldim, xotin olmasam sira ham bo'lmaydi,-deb **Badgir** *deganning singlisini oldi.* [4:60]
O nome do **Badgir** é aquele que vira a coisa certa, a frase de cabeça para baixo; sim, aquele que faz a gina, aquele que guarda a gina; o bolinho.
Badkir *tilla soqqadan bo'lgan oshiqni qo'liga olib, Go'ro'g'lini aldab, ushlab olib kelay, deb Go'ro'g'linining oldiga yaqinlab keldi.* [4:76]
Badkir mão baixa. Mal mal, desprezível; significa uma pessoa que faz tais coisas.

No lugar da conclusão, devemos dizer que as palavras pertencentes ao eu e à camada absorvida utilizadas na epopéia historicamente têm origens diferentes. Deve-se notar também que muitos dos antropônimos utilizados no épico "O nascimento de Gurugli" são constituídos por antropônimos, principalmente aqueles emprestados do árabe e do persa-tadjique. Os significados que eles significam também variam. Durante nossas pesquisas e pesquisas científicas, estudaremos os nomes que dominamos e pertencem à mesma camada, bem como os submeteremos à análise.

REFERÊNCIAS
1. Begmatov E., Ulukov N. Dicionário explicativo de termos onomásticos uzbeques. - Namangan, 2006.
2. Sattorov G.H. Camada turca de nomes uzbeques.N.D.A. - Tashkent, 1990.
3. E. A. Begmatov. Significado do nome uzbeque: (Dicionário Explicativo). - T,: Editora Científica Estatal "Enciclopédia Nacional do Uzbequistão", 2007, P-608.
4. Arte oral popular. O nascimento do Gurugli. Editora: Malik Murodov. - Tashkent: Serviço de Polígrafo Newyul, 2019, P-208.
5. Bekmurodov N. Uma coleção de belos nomes. - T.: "Geração do novo século", 2015. – 524 a.C.

ANTROPÔNIMOS NO ÉPICO "O NASCIMENTO DE GURUGLI", QUE ESTÃO INCLUÍDOS NA SUA CAMADA PRÓPRIA E ASSIMILADA

O épico "Gurugli" é considerado um dos antigos monumentos da criatividade oral popular. A epopeia do heroísmo, difundida principalmente entre os povos do Médio e Médio Oriente, da Ásia Central e do Sul do Cáucaso, é uma epopeia. Epics United em uma série foram criados em momentos diferentes. As raízes de alguns deles remontam a um ano e meio a dois mil anos atrás. Em todas as versões, a base do tema é expressa na coragem de Bahadir Gurugli (na versão centro-asiática) ou Gooroglu (na versão ocidental), que luta pela justiça, pela liberdade e pela causa da felicidade das pessoas.

No épico "O Nascimento de Gurugli", pode-se distinguir os cavalos atômicos, ou seja, os antropônimos, em sua própria camada e na camada absorvida. Sabemos que os substantivos proverbiais que entram na camada adquirida vêm da transição de uma palavra de outro idioma para nossa linguagem A Epopéia tinha muitas variantes e resumia diferentes nomes de línguas, inclusive seu uso entre representantes de diferentes línguas. Isso, é claro, deu à epopéia variedade e prazer estético. .Por exemplo: substantivos flexionados em árabe, persa, tadjique e línguas semelhantes

usadas no épico:
1. Antropônimos incluídos em camada própria conforme aplicado na epopeia.
2. Antropônimos que fazem parte da camada de absorção utilizada na epopeia.

Antropônimos incluídos em camada própria conforme aplicado na epopéia.
Os nomes desta espécie são nomes turcos puros (uzbeques). Por exemplo:

*Mari yurtining **Qovishtixon** degan xoni bor edi. Qovishtixonning To'liboy sinchi degan o'g'li bor edi. Ko'p esli, aqlli, tamizli, farosatli odam edi.* [5:3]

O nome **Qavishtikhan** é uma palavra turca pura (uzbeque), usada no significado de qavish, união.

Antropônimos que fazem parte da camada de absorção utilizada na epopeia.

- **Antropônimos emprestados da língua tadjique.**

*Odilxonning podshoning ikki o'g'li bo'lib, kattasining oti **Urayxon**, kichinasining oti Ahmadbek edi.* [5:3]
Uraykhan - antropônimo é considerado na língua tadjique e significa significados como socar, socar, empurrar com a mão ou algo assim.

*Taka Turkman deganyana bir yurt bor edi. Bu yurtda Jig'alixon degan bek boredi, Jig'alixonning **Gajdumbek** degan o'g'li, Bibi*

Hilol degan qizi bor edi. [5:4]
Gajdumbek é derivado da palavra raiz "gaj", que significa curvado, torto, torto em tadjique.

*Ana endi gapni Zargar degan shahardan eshiting: Zargar shahrining **Shohdorxon** degan podshosi bor edi.* [5:4]
Shahdurkhan - o nome é derivado da língua tadjique, uma criança que nasce com algum tipo de excesso de cintura (nádegas) na cabeça. [4:503]

*Shunday bo'lsa ham, **Holmonning** so'zi yaylovga chiqmadi, bir o'zi bo'lib qoldi.* [5:38]

Listado aqui, o antropônimo **Holmon** está na língua tadjique e é uma pessoa bem-humorada, feliz e satisfeita.

- **Antropônimos migratórios emprestados da língua salbiana.**

*Lekin Shohdorxonning **So'qim** degan bir sinchisi bor edi.* [5:38]
Soqim – o nome expressa o significado de uma pessoa preguiçosa e disfuncional.

- **Antropônimos emprestados de Pahlavi.**

*Bu gapni eshitib **Rustambekning** yuragi "jiz" etib ketdi, ildam-ildam yurib, tikka Bibi Hilolning oldiga yetdi.* [5:54]
O **Rustamkhan** - antropônimo é feito da palavra Raodastan no "Avesto", um homem com um torso, um poderoso valente, um adivinho. [4:354]

- **Antropônimos emprestados do árabe.**

*Nimagaki, **Hannon** shoir so'z aytib kelgan*

mehmonning, o'tirgan odamlarning vaqtini xushlaydi, o'rdaga olib keladi.[5:103]
Hannon é uma palavra árabe devota para alegre, enérgico e atencioso. Esta é uma das qualidades de Deus. [4:461]

Como podemos ver, os antropônimos apresentados na Epopéia são formados em nomes usados em diferentes círculos linguísticos, e esta será uma prova de que muitas variantes da Epopéia são faladas em diferentes línguas. Em seu lugar, deu ao épico prazer e variedade estética. Deve-se notar também que muitos dos antropônimos usados no épico "O Nascimento de Gurugli" são compostos de antropônimos, principalmente aqueles emprestados do árabe e do persa-tadjique. estudaremos os nomes que dominaram e pertencem à mesma camada, bem como os submeteremos à análise.

REFERÊNCIAS
1. Begmatov E., Ulukov N. Dicionário explicativo de termos onomásticos uzbeques. - Namangan, 2006.
2. Sattorov G.H. Camada turca de nomes uzbeques.N.D.A. - Tashkent, 1990.
3. E. A. Begmatov. Significado do nome uzbeque: (Dicionário Explicativo). - T,: Editora Científica Estatal "Enciclopédia Nacional do Uzbequistão", 2007, P-608.
4. Bekmurodov N. Uma coleção de belos

nomes. - T.: "Geração do novo século", 2015. – 524 a.c.
5. Arte oral popular. O nascimento do Gurugli. Editora: Malik Murodov. - Tashkent: Serviço de Polígrafo Newyul, 2019, P-208.

ANTROPÔNIMOS NO ÉPICO "O NASCIMENTO DE GURUGLI" QUE ESTÃO INCLUÍDOS NA SUA CAMADA PRÓPRIA E ASSIMILADA

As epopéias de "Gurugli" são uma série de obras da epopeia folclórica, cada uma delas com vida independente e com um determinado nome, uma grande categoria unida por certos fatores, muito comum entre muitos povos. Ainda é cantado por Bakhshis em alguns povos. Esses épicos formam categorias específicas na criatividade épica dos povos uzbeque, tadjique, turcomano, azerbaijano, turco, cazaque, karakalpak, armênio, georgiano e curdo, razão pela qual antropônimos relacionados a diferentes idiomas foram usados neste épico. No épico "O nascimento de Gurugli", também são encontrados nomes que podem ser usados em diversas línguas, sendo eles: árabe, tadjique, uzbeque (puramente turco), grego e outras línguas. Deu ao épico um prazer estético especial. O uso de nomes relacionados a diferentes línguas na epopeia significa que a epopeia surgiu há muitos anos e sofreu diversas mudanças entre diferentes nações, povos, passando uns pelos outros. Por esta razão, a maioria dos nomes linguísticos foram usados e eventualmente chegaram ao seu estado atual. Analisamos os antropônimos da epopéia dividindo-os em 2 tipos: autocamada e autocamada. A primeira delas é sua própria camada.

Antropônimos incluídos em camada própria conforme aplicado na epopéia.

Os nomes desta espécie são nomes turcos puros (uzbeques). Por exemplo:
Har kimni ko'rsa so'ratdi,
Undan Zominga yetdi.
Qirq sonli **Baroqxonning** *yurti,*
O'ratepaga yetdi. [5:143]

O antropônimo **Baroqkhon** é derivado da língua uzbeque e significa uma pessoa clara, clara e brilhante. Nome da semente do povo uzbeque, que fazia parte das tribos qoğnot e karagon. [4:47]

Antropônimos que fazem parte da camada de absorção utilizada na epopeia.

- **Antropônimos emprestados do árabe.**

Xannon bilan ikki yasovul – birining oti **Holmat**, *birining oti Olmat - -uchovlari jo'nadi.* [5:103]
Holmat é uma variante diminuta do nome Holmuhammad, derivado do árabe. [4:466]
Kundan kun, tundan tun o'tdi. Go'ro'g'li sakkiz yoshga kirdi, Ahmadbek Go'ro'g'lini maktabga qo'ymoqchi bo'ldi, shaharning ichida **Muhammad** *Yusuf otli bir olim kishi bor edi.*

[5:114]

O nome **Muhammad** é um dos nomes mais populares em árabe, focado no nome Muhammad, e o significado desse nome é pessoa que é elogiada. O nome do Profeta Maomé. [4:266]
*Shirvonning **Rayhon** arab degan podshosi bor edi. Iroq mamlakati, Arabiston shunga qarar edi; rayhon arab Xoljuvonga oshiq edi.* [5:116]
Rayhon é um nome árabe que significa nobre, rayhon ou figurativo: crianças significam crianças. [4:345]

- **Antropônimos emprestados da língua tadjique.**

*Ahmadbekning **Xoljuvon** degan xotini bor edi. Lekin farzandi yo'q edi. Xoljuvon qanday xotin – tovusday taralgan, bellari buralgan, har xil kiyimlarga o'ralgan, oynaga qaragan, zuilfini taragan, o'ziga loyiq ro'mollar o'ragan.* [5:110]
Xoljuvon é uma palavra tadjique que significa uma menina nascida com um Khol maior, uma menina casada apesar do fato de a palavra juvon ainda ser jovem.

*Bu aytgan so'zingiz juda yaxshi, qutlig' bo'lsin, – deb turdilar. Ayollarning ortasida Holmat yasovulboshining **Xoldonoy** degan xotini bir so'z dedi:*

Goh-goh o'zimdan ketdim har zamon,
Tog'larning boshini cholgandir tuman.
Ollohim yetkarsin sizni maqsadga,
Farzandingiz qutlug' bo'lsin, opajon!.. [5:112]

Kholdonoy é de origem tadjique e significa uma menina nascida com Khol, uma menina kholdar. [4:464]

Xoljuvon bu so'zni turgan oyimlaridan kattasi Xoldonadan eshitib, **Durdona** *degan kanizakka:*
– Besh-olti o'zingga yarasha qizlardan birga olib, Go'ro'g'libekni bunda olib kelinglar, – dedi. [5:112]

Durdona - é emprestado da língua tadjique e significa grão de pérola, pérola excelente: a garota mais querida e querida. [4:118]

- **Antropônimos emprestados do grego.**

Yor ketkazaryuraklarning cherini,
Eshitmading, bek Soqining zorini.
Senga berayik **Yunus***, Misqol parini,*
Senga berayik shularning ixtiyorini.
Parilar xotining bo'lsin, Go'ro'g'li! [5:164]

Yunus (Jonas) entrou da língua grega, em grego pombo, pomba. Jonas é usado no significado do nome do Profeta. [4:523]

Examinamos a linguagem e o significado de muitos dos nomes do épico "O Nascimento de Gurugli". Como você pode ver, foram utilizados diferentes nomes linguísticos, o que conferiu ao épico uma estética especial. No lugar da conclusão, deve-se notar que a maioria dos antropônimos utilizados no épico "O Nascimento de Gurugli" são constituídos por antropônimos, principalmente aqueles emprestados do árabe e do persa-tadjique. Seus significados também variam. Durante nossas pesquisas e pesquisas científicas, estudaremos os nomes que dominamos e pertencem à mesma camada, bem como os submeteremos à análise.

REFERÊNCIAS
1. Begmatov E., Ulukov N. Dicionário explicativo de termos onomásticos uzbeques. - Namangan, 2006.
2. Sattorov G.H. Camada turca de nomes uzbeques.N.D.A. - Tashkent, 1990.
3. E. A. Begmatov. Significado do nome uzbeque: (Dicionário Explicativo). - T,: Editora Científica Estatal "Enciclopédia Nacional do Uzbequistão", 2007, P-608.
4. E. A. Begmatov. – Tashkent. "Enciclopédia Nacional do Uzbequistão" State Scientific Publishing House, 2016. - 608 b.
5. Arte oral popular. O nascimento do Gurugli. Editora: Malik Murodov. - Tashkent: Serviço de Polígrafo Newyul, 2019, P-208.

VARIANTE HOMOGENEIDADE DE ANTROPÔNIMOS NA ÉPICA "O NASCIMENTO DE GURUGLI"

Nos tempos antigos, as palavras migravam de uma língua para outra através da interação de diferentes povos entre si, através do trabalho comercial e de outros assuntos, através do estudo e uso de sua língua em sua própria língua. Não apenas as palavras usuais, mas também os substantivos começaram a ser usados e usados em outras línguas. Haverá uma mudança na composição dos nomes no processo de sua transição para outro idioma. Como resultado disso, uma opção é formada. Variantes de substantivos resultam da mudança de vogais e sufixos em um idioma quando sm muda para outro idioma. O termo puramente antropônimos originou-se nos anos 1960-1970. Cientistas envolvidos no estudo dos nomes uzbeques: E.T. Smirnov, mais tarde N.S. Lekoshin e V.F. Oshanim, estudiosos da linguística A. Cientistas como Samoylovich conduziram muitas pesquisas e, ao mesmo tempo, expressaram nomes uzbeques em russo na tradução. O interesse pelos nomes uzbeques começou na década de 1960. D. nos mesmos anos. Abdurahmanov, A. Nosirov, F. Abdullayev, A. Cientistas como Ishanov publicam muitos artigos científicos e científicos populares sobre antropônimos uzbeques. A partir daí, despertou-se o interesse de muitos cientistas pelo tema, e os nomes foram explicados de diversas maneiras. Consideraremos variantes equivalentes de antropônimos neste artigo.

Antropônimos variantes.

Qovishtixonning yetti yoshli o'g'li – To'liboy sinchini bandi qilib olib ketdi.[4:3]
O nome **Toliboy** possui as seguintes variantes: Tolijon, Tolibek.

Taka Turkman degan yana bir yurt bor edi. Bu yurtda Jig'alixon degan bek bor edi.[4:4]
O nome próprio **Zhigalikhan** tem as seguintes variantes: Zhigalibek, Zhigalijan.

Odilxon podsho buni eshitib, achchig'i kelib, birdan sarboz askar chaqirib, to'p-to'pxonasi bilan Mari yurtini tep-tekis qilib yubordi.[4:3]
O antropônimo **Odilkhan** tem as seguintes variantes: Odilbek, Odiljon, Odiltoy.

Bibi Oysha bo'ynida bo'lib, oy kuni to'lib, o'g'il tug'di va ismini Ravshanbek qo'ydi.[4:4]
Existem variantes do nome **Oysha** como segue: Oyshabodom, Oyshagul, Oyshahar, Oyshakar.

-Ahmadbek sizni ko'rmay, bizlarni g'azabqilib, Go'ro'g'lini olib kelinglar deb yubordi,-dedilar.[4:130]
O nome **Ahmadbek** tem variantes como

Ahmadbakhsh, Ahmadnazar, Ahmadjan, Ahmadulla.
Ey podsho, bizlarning sizga arzimiz bor!
*Bizlarga javob bersangiz, Bibi **Hilol**ni so'ramiz, ustiga olov qo'yamiz, o'zini kuydirib, kulini elakdan o'tkazib yuboramiz.*[4:64]
O nome **Hilol** possui variantes como Hilola, Hiloli.

***Ravshanbek** shunda bildi. "Bizlar anjomsiz, So'qim sinchi anjomli – nayzali, miltiqli, mabodo bizni otib tashlamasin", - dedi.*[4:49]
O antropônimo **Ravshanbek** possui as seguintes variantes: Boboravshan, Ravshanali.

*Barcha hukamo, qur'andozmunajjimlarning ichida **Yusuf** degani bor edi. Yusuf podshoga qarab, tush ta'biriniaytib, bir so'z dedi.*[4:11]
O nome **Yusuf** possui variantes como Yoryusuf, Yusufkeldi, Yusufmirza, Yusufqul, Yusufmirza.

    No lugar da conclusão, é permitido dizer que um antropônimo possui diversas variantes. Conclui-se que, mesmo naquela época, era possível colocar nomes em outras línguas pelos próprios filhos, nomeá-los com nomes de outras línguas. Mas vemos que há uma mudança de nomes nesse processo. Em nosso trabalho científico e pesquisa adicional, tornamos este tópico mais perfeito.

REFERÊNCIAS
1. Begmatov E., Ulukov N. Dicionário explicativo de termos onomásticos uzbeques. - Namangan, 2006.
2. Sattorov G.H. Camada turca de nomes uzbeques. N.D.A. - Tashkent, 1990.
3. Criatividade oral popular. O nascimento do Gurugli. Editora: Malik Murodov. - Tashkent: Serviço de Polígrafo Newyul, 2019, P-208.
4. E. A. Begmatov. Significado do nome uzbeque: (Dicionário Explicativo). - T,: Editora Científica Estatal "Enciclopédia Nacional do Uzbequistão", 2007, P-608.

VARIANTE HOMOGENEIDADE DE ANTROPÔNIMOS NA ÉPICA "O NASCIMENTO DE GURUGLI"

O épico "O Nascimento de Gurugli" é considerado um dos exemplos mais brilhantes de criatividade oral popular. Ao longo dos anos, passou de idioma em idioma, aperfeiçoou-se e atingiu seu atual estado perfeito, e possui mais de 100 variantes. Devido ao fato de terem sido colocados no kuy ao lado dos vários Bakhshis, muitas variantes foram formadas. Uma obra folclórica é recriada durante o processo performático, entrando em um novo estado de residência, e esse estado apresenta suas próprias variantes. [1: 18] a volatilidade é a forma como o folclore vive e cobre totalmente o enredo, as imagens, a poética e as características do gênero das obras. Uma variante são cópias diversas mutuamente indistinguíveis de uma obra específica que aparecem sob uma tradição épica oral viva. À medida que as opções aumentam, pequenas diferenças começam a aparecer no enredo e nas imagens das obras. Comparando-os entre si, podemos notar mudanças em seus acontecimentos, e também podemos ver diferenças nos nomes dos heróis da obra.

O fato de uma obra de variabilidade ter vários exemplares com mudanças significativas no enredo e na composição constitui a característica da variabilidade na criatividade oral popular. Ao incutir no modelo de criatividade oral do performer sua própria visão de mundo, método de criatividade, características da profissão-Cory, outra variante é formada, e há mudanças importantes e não pessoais no trabalho. Assim, dá origem também aos antropônimos que estudamos em suas diferentes formas. Ao longo da passagem das epopéias de língua em língua, os nomes se espalham por diferentes lados. Neste artigo, consideraremos diversas variantes de antropônimos que participaram da saga.

Antropônimos variantes.

Rustam: *-Endi davlat egasi bo'ldim, xotin olmasam sira ham bo'lmaydi,- deb Badgir deganning singlisini oldi. Xotinidan bir bola bo'ldi. Otini* **Qo'ng'irboy** *qo'ydi.* [2:60]
Podemos encontrar os **Qungirbay**, formas em forma de sino Qungir, Qungirjon listados aqui.

-Kelgan lashkar kim ekan bilib kelinglar!- deb o'zining Taka begi **Zamon** *degan lashkar boshlig'ini bir necha odamlarga qo'shib, elchi qilib yubordi.* [2:7]
O anropônimo **Zamon** é árabe, com as formas de Zamontoy, Zammirza, Zamqul e Zammurod [3:147]

Shohdorxon podsho hammasini qo'yib yubordi. Lekin Shohdorxonning **Hamza** *degan bir odami bor edi.* [2:9]
Observamos as formas Hamzakul, Hamzakhan e

Hamzakhoja [4:504] do **Hamza** listadas abaixo.
*Anal bilan **Mansur**ga qurgan dormidim,
Tirik ayrilgan, bir ko'rgali zormidi,
Yur, chirog'im, deydi meni qo'ymaydi,
Senda aka, menda tog'a bormidi?* [2:66]
Existem formas de **Mansur** dadas nestes versos, Mansurboy, Mansurjan e Mansurkhan. [4:167]
*Izlagan banda murodga yetibdi,
Bek **Rustam** ko'p qayg'uni tortibdi.
Mozorotga borib ko'rsa Rustambek,
Ko'z yoshiga chakkalari loy bo'lib,
Pishillab Go'ro'g'li uxlab yotibdi.* [2:73]
É aqui que também podemos encontrar formas do nome **Rustam** como Rustamkhan, Rustamboy e Rustamjon. [4:270]
*Xannon bilan ikki yasavul – birining oti **Holmat**, birining oti Olmat – uchovlari jo'nadi.*
O nome **Holmat** possui variedades como Holmamat, Holmattora. O nome Holmat é na verdade uma forma diminuta do nome Holmuhammad. [3:466]
*Kundan kun, tundan tun o'tdi. Go'ro'g'li sakkiz yoshga kirdi., Ahmadbek Go'ro'g'libekni maktabga qo'ymoqchi bo'ldi, shaharning ichida **Muhammad** Yusuf otli bir olim kishi bor edi.* [2:114]
Muhammad é considerado o nome do nosso Profeta. Este nome atualmente ocupa uma posição elevada na classificação de nomes atribuídos a um grande número de crianças. As formas do nome

são numerosas, incluindo Muhammadaziz, Muhammadali, Muhammadyusuf, Muhammadayyub, etc.

Como podemos ver aqui, essas epopeias contavam com a presença de antropônimos que tinham muitas de suas contrapartes variantes. A razão para isso, porém, não é um erro dizer que a saga tem muitas opções. Eles deram uma grande contribuição para a formação de diversas formas de nomes.

No lugar da conclusão, pode-se dizer que o fato de os nomes terem tantas formas prova que nossa linguagem é rica e colorida. Quantos nomes variantes não estão incluídos aqui no épico, e em nosso trabalho científico futuro também os levaremos para análise.

REFERÊNCIAS
1. Folclore uzbeque[Texto]: livro didático / T. Mirzaev, Sh.turdimov, M. Djurayev, J. Eshonqulov A. Tilavov. – Tashkent: "Thought-bo'stoni", 2020. – 240 b.
2. Criatividade oral popular. O nascimento do Gurugli. Editora: Malik Murodov. Tashkent: Serviço de Polígrafo Newyul, 2019, P-208.
3. E. A. Begmatov. Significado do nome uzbeque: (Dicionário Explicativo). - T,: Editora Científica Estatal "Enciclopédia Nacional do Uzbequistão", 2007, P-608.

4. Bekmurodov N. Belos nomes de pacotes. – T.: "Para a geração do novo século", em 2015. – 524.b.

2-CAPÍTULO.
XORAZM DOSTONLARI TILIDA UCHRAYDIGAN REAL VA NOREAL SHAXS NOMLARI

O'zbek nomshunosligi bo'yicha olib borilgan tadqiqotlar va ilmiy adabiyotlarda real va noreal obyektlarni ifodalovchi nomlar (atoqli otlar) haqida quyidagicha ta'riflar va sharhlar berilgan.

1. Realionim (nemischa "real ", "real" va lotincha "realis" – narsaga oid haqiqiy) obyektiv olamda haqiqatdan mavjud narsa, hodisa va obyektlar nomi.
2. Real nom – realionim.
3. Real shaxs nomi – hayotda haqiqatda yashayotgan yoki yashab o'tgan shaxsning atoqli oti. [2:20]

Ushbu ma'lumotlar E. Begmatov va N.Uluqovlar tomonidan nashr etilgan "O'zbek onomastikasi terminlarining izohli lug'ati" Namangan-2006 kitobidan olindi. Ammo shu va shunga o'xshash ilmiy adabiyotlarda noreal obyektlarni ifodalovchi nomlar xususida yetarlicha sharhlar va ma'lumotlar keltirilmagan. Masalan, yuqorida tilga olingan manbaning 20-betida "afsonaviy nomlar" haqida shunday ma'lumotlar beriladi: " moddiy olamda real mavjud emas, ammo hayolan mavjud deb hisoblanuvchi obyektlar (hayvonlar, narsa va hodislar, shaxslar) atoqli oti". [2:20]

Shundan so'ng "afsonaviy toponimlar", "afsonaviy shaxs(lar) nomi" kabi atamalar sharhlangan bo'lsa, 47-betda "mifik nom", "mifonim", "mifologik obrazlar nomi", "mifotoponim" va boshqa atamalar sharhlangan. Biroq "mif" so'zi "afsona" so'ziga mos kelishini esga olgan holda, yuqoridagi atamalar sharhiga diqqatni qaratsak, "afsonaviy nom" bilan "mifonim" atamasi mantiqan bir narsa yoki tushunchani anglatishi mumkin. Ammo nashrda mifik nomlar sharhida: "mifonim" – yunoncha "mifog" – afsona, ertak; + "onoma" – atoqli ot) afsonalar, epopeyalar, ertaklarda uchraydigan atoqli otlar" [2:47] deya ta'rif berilgan. Bu sharhdan kelib chiqadigan bo'lsak, afsona, ertak, dostonlarda uchraydigan har qanday nom "mifik" nom atamasi ostiga birlashaveradimi? Axir, afsona va rivoyatlar, doston va epopeyalarda uchraydigan nomlar orasida real ob'yekt va hodisalarni ifodalovchi atoqli otlar ham mavjud. Ularni ham "mifik nom" lar toifasiga kiritsak, mantiqiylik va atamalar sharhidagi izchinlikka, bizningcha, putur yetadi. Shu sababdan, ushbu hodisani o'rganar ekanmiz, Xorazm dostonlari leksikasida atoqli otlarni, biz, real va noreal obyektlarni ifodalovchi nomlar deb atash to'g'riroq degan fikrga keldik. Ilmiy adbiyotlardagi nomutanosiblikni biz o'zimizning ilmiy xulosalarimizga tayangan holda, yoritishga harakat qilish niyatidamiz.

Folklor onomastikasi juda kam oʻrganilgan sohalardan ekanligi haqida yuqoridagi boblarda fikr bildirgan edik. Shularga qoʻshimcha ravishda yana shuni aytishni joiz deb hisobladik. Tadqiqotchilar Doʻsmurod Abdurahmonov va Habibulla Bektemirovlarning "Oʻzbek xalq dostonlari onomastikasi" deb nomlangan maqolasida "Oʻzbek xalq dostonlari leksikasidagi atoqli otlar miqdor jihatdan eng kam sonli soʻzlardir", – deb keltirishlari bejiz emas. Chunki, alohida olingan bir dostondagi atoqli otlarni hisoblaydigan boʻlsak juda kam miqdor kelib chiqadi. Yuqorida tilga olib oʻtgan mualliflar ishida keltirilishi boʻyicha oʻn ikkita dostondan 470 ta nom aniqlangan. Bu miqdor dostonlar orasida takror qoʻllanilgan nomlarni ham qoʻshib hisoblagan holatda yuzaga kelgan. Agar takror qoʻllanayotgan nomni hisobga kiritmaganda bu miqdor yana-da kamayishi aniq va ravshan koʻrinib turibdi. Vaholanki, nechta nom qoʻllangan degan savolga takrorlarni hisobga olmagan holda javob berish mumkin.

  Agar har bir dostondagi atoqli otlarning miqdorini, dostonlarda qoʻllaniladigan anʼanaviy nomlar, yaʼni, Olloh va uning sifatlarini ifodalovchi nomlar, paygʻambarlar va diniy martabaga ega boʻlgan mashhur shayx va avliyolar nomlarini, mumtoz adabiyotga mansub talmehlarni hisobga olmagan holda faqat maʼlum dostondagina mansub nomlar bilan chegaralangan holda belgilaydigan bo'lsak 10-15 tadan oshmasligi ham mumkin. Ayrim dostonlarda esa bundan ham kam bo'lishi mumkin. Masalan, "Oshiqnoma" turkum dostonlari tarkibida nashr qilingan "Oshiq G'arib va Shohsanam" dostonida (ikkinchi kitob 12-139 betlar; to'rtinchi kitob 10-31 betlar) keltirilgan atoqli otlarni hisoblash jarayonida hammasi bo'lib oltmishga yaqin nom qo'llangani ma'lum bo'ladi. Shundan o'n to'rtta nomgina zikr etilgan dostonning o'ziga tegishli bo'lib, qolgan nomlar, Xorazm dostonlarida qo'llanib kelinayotgan an'anaviy takrorlanadigan atoqli otlardir. Agar bu nomlarni badiiy asarlar tilidagi nomlar bilan qiyoslasak, ularning deyarli katta ko'pchiligi takrorlanib qo'llanilganligining guvohi bo'lamiz. Ana shu holatni hisobga olsak, atoqli otlar hajman olganda boshqa so'zlarga qaraganda ancha kam miqdorni tashkil etadi degan yuqoridagi fikrlarning qanchalik to'g'ri ekanligi ma'lum bo'ladi.

Dostonlar leksikasidagi atoqli otlarni o'rganishda ilmiy izlanishlar olib borgan tadqiqotchilarning an'analariga binoan, Xorazm dostonlaridagi atoqli otlarni ham turli mavzuiy guruhlarga ajratish mumkin. Masalan, kishi nomlari, joy nomlari, osmon jismlari nomlari, tog' va ko'llarning nomlari va hokazolar.

Olib borilgan ayrim ilmiy tadqiqotlarda

turdosh otlarga nisbatan "shaxs nomlari" atamasini qoʻllash holatlari ham koʻzga tashlanadi. Bu, bizningcha, notoʻgʻri, chunki "shaxs nomlari" deganimizda "nom" atamasi ishlatilgan. Bu soʻz faqat atoqli otlarga nisbatan qoʻllanilishi keyingi davr adabiyotlaridan bizga ma'lum. Bu holatga jiddiy qaralmasa, ikki atama bir biri bilan chalkashib ketishi mumkin: "Shaxs otlari" va "shaxs nomlari". Bu ikki atama ham ot soʻz turkumi doirasidagi atamalar boʻlib, har ikkisi ham kishilarga nisbatan qoʻllaniladigan otlarga taalluqli ekanligi bilan xarakterlidir. Biroq, "shaxs otlari" deyilganda turdosh otlarning bir turi sifatida qaralishi ilmiy adabiyotlarda keltirib oʻtilgan. [5:95]

Turdosh otlarning turlari sifatida N. Mahmudov, A. Nurmetov, A. Sobirov, D.Nabiyevalar tomonidan nashrga tayorlangan 6-sinf uchun darsligida shaxs otlari, narsa otlari, va oʻrin joy otlari kabi turlar koʻrsatilgan. Shu darslikning 105-betida shaxs otlariga shunday ta'rif berigan. "Shaxs otlari – kim? kimning? kimni? kimga? kimda? kimdan? soʻroqlariga javob boʻladi. Shaxslarni yoshiga, yashash joyiga, mansab-unvoniga, kasb-koriga, ijtimoiy holatiga, qarindoshlik darajasiga, nasl-nasabiga koʻra nomlab keladi. [5:105]

Shulardan koʻrinadiki, "shaxs otlari" atamasi keyingi davr oʻzbek tilshunosligiga taalluqli ilmiy adabiyotlarda faqat turdosh otlar ma'nosini ifodalaydi. Biz esa Xorazm dostonlaridagi shaxslarga atab qoʻyilgan nomlar haqida fikr yuritar ekanmiz, ushbu atamalarni qoʻllashdagi nomutanosiblikka barham berib, mantiqiylikni saqlagan holda oʻz maqsadimizni amalga oshirishni maqsad qilganmiz.

Folklor asrlari leksikasi va badiiy asarlar matnlaridan oʻrin olgan atoqli otlarni izlash, ularni toʻplab ma'lumotlar bazasini tayyorlash jarayonida shu narsa koʻzga tashlandiki, bu nomlarning turli jihtlarini tadqiq etish, qiyoslash, umumiy va farqli tomonlarini tadqiq qilish oʻzbek onomastikasini ancha muhim ma'lumotlar bilan boyitadi. Folklor asrlari va yozma adabiyotga aloqador asarlar tilidagi atoqli otlar boʻyicha eng avval koʻzga tashlanuvchi va tadqiqotchini jalb qiluvchi hodisa nomlarning real va noreal obyektlarni ifodalab kelishi masalasidir.

Folklor asarlari va yozma adabiyotga aloqador asarlardagi kishi nomlari real tarixiy shaxslarning nomlari va shu bilan birga oʻylab topilgan noreal kishilarning nomlari ham uchrashi olib borilgan kuzatishlardan ma'lum boʻladi.

Tarixiy shaxslar bilan bogʻliq takroriy nomlar haqida gap ketganda ular, eng avvalo, mashhur shohlar, paygʻambarlar, shoirlar va boshqa shaxslarning nomlaridir. Yozma adabiyotda oʻziga xos oʻrin tutuvchi A. Navoiyning "Hayrat ul-abror" dostoni – Xamsaning birinchi asarining oʻziga xos oʻrni va mavqeyi haqida aytib o'tirishning zarurati bo'lmasa kerak. Shu asarda uchraydigan ayrim kishi nomlari bilan folklor asarlari, xususan, dostonlar leksikasidagi ayrim nomlarning umumiyliklari o'ziga xoslik kasb etadi. Quyidagi misollarga murojaat etaylik:

Jamshid, Faridunman Zol-u Rustamzar,
Yurtni olgan shoh Iskandar qolmadi...
[4:105]
("Go'ro'g'li" turkum dostonlaridan)

Ushbu satrlar dostonlar leksikasiga taaluqli bo'lib, folklor asarlariga xos bo'lgan xarakaterli nomlarni o'zida aks ettirgan bo'lsa;

... Chun ko'rib ul Zolni bir Rustame
Bo'ldi havosida asiri g'ame...

yoki,

... Ko'rdi qayon bordi
Faridin-u Jam,
Erjas-u Hushang ila
Zahhok ham...

kabi misollardan ko'rinib turibdiki, folklor asarlari va yozma adabiyotdagi nomlarning qaytariq qo'llanishi o'ziga xosliklari bilan alralib turadi. Yuqoridagi misollarda *Rustam, Zol, Faridun, Jam (Jamshid), Zahhok, Hushang* kabi antroponimlar qaytariq holatda qo'llanganiga guvoh bo'lamiz. Bu nomlar aslida Abulqosim Firdavsiyning "Shohnoma" asaridan olingan bo'lishi ilmiy yo'nalishdagi tadqiqotlardan

ma'lum.
Shu asarda uchraydigan *Taxmuras, Faridun* nomlari folklor asarlarida yanada keng miqyosda takrorlanib qo'llanuvchi kishi nomlaridan hisoblanadi. Quyidagi misollar buni tasdiqlaydi:

... Haqning arslonidur ul Shohimardon,
Bobomiz go'iyo Taxmuras arslon... [8:157]

Yozma adabiyot va folklor asarlari leksikasidagi eng faol qo'llanuvchi kishi ismlaridan biri "Iskandar" nomidir. Bu nomning etimologiyasiga oid turli xil ma'lumotlar mavjud. Ayrim adabiyotlarda Sharq xalqlari antroponimikasidan o'rin olgan "Iskandar" nomi Yevropaliklarda uchraydigan "Aleksandr" nomidan kelib chiqqan deya talqin qilinadi. Bu nom shunday tarzda kelib chiqqan bo'lishi mumkin, ammo hamma o'rinlarda ham Iskandar Zulqarnayn – Aleksandr Makedonskiyni anglatadi deyish haqiqatga yaqin emas. Shunday bo'lsa ham, "Iskandar" nomi yozma adabiyot va og'zaki ijod asarlari uchun birdek takror qo'llanaveradi. Misol:

...Avazjon o'g'lim, hazrati Iskandar shohda meningday yurtni odil so'ramag'on edi... [3:137] yoki:

... Muningdin osmon-u falakni qoltiratg'an urush Iskandar zamoninnan bari bo'lmag'an akan. [3:188]

Yozma adabiyotda, xususan, Navoiy ijodida "Iskandar" aynan shu shaklda vazn talabi bilan "Skandar" shaklida ham qo'llanilganligini quyidagi misollardan bilib olish mumkin:

... Salm-u Manuchehr ila Navroz qani?

Bahman-u Doro-vu Skandar qani?

Qoni jahondovari Chingizxon?

Qoni jahon xoni Temur ko'ragon?...

Folklor asarlari va yozma adabiyotga aloqador real tarixiy shaxs nomlari orasida yuqorida tilga olib o'tilgan *Chingizxon, Amir Temur, Doro* kabilardan tashqari, mashhur shoirlar *Nasimiy, Jomiy, Navoiy* kabilarning nomlari, taxalluslari ham keltiriladi. Masalan,

... Bir madad aylangiz pirim Navoiy,

Rahm eta ko'r holi zorima maning... [9:216] yoki,

... Nasimiyday go'yo terim so'ydilar,

Tayoq olib cho'ldan-cho'la quvdilar... [10:422] yoki,

... Kechalar yoz etar nasihat shomi,

Navoiyning piri mavlono Jomiy... [9:216] va boshqalar.

Folklor asarlari va yozma adabiyotda uchraydigan kishi ismlari orasida real hayotda yashamagan, o'ylab topilgan yoki tarixda yashaganligi haqida aniq ma'lumotlar uchramaydigan kishilarning ismlarini ifodalovchi nomlar ham qaytariq holda ishlatilganligini ko'rishimiz mumkin. Bularga misol qilib *Hotam (Toyi), Qorun, Shirin, Farhod, Layli, Majnun* kabi bir qancha nomlarni keltirish mumkin.

Yozma adabiyot hamda folklor asrlari leksikasidagi nomlar ichida **Hotam** nomi ham ancha faol nomlardan sanaladi. Mazkur nom Xorazm dostonlarida **Hotam, Hotami toyi** shakllarida uchraydi. A.Navoiyning "Hayrat ul abror" dostonidan olngan quyidagi parchalarda ham mazkur nom o'ziga xos nozikliklari bilan tasvirlanganini ko'rish mumkin:

...Kaflaring oyini chu bermak bo'lub,
Qul munga Hotam, anga Barmak bo'lub... [6:64] yoki,
...Hotami Toyig'a bir ozodavash,
Dediki: "Ey, himmating ozodakash"... [6:70]

Folklor asarlari va yozma adabiyotga aloqador qaytariq nomlar orasida *Qorun* nomi ham keng qo'llaniladigan nomlardan biridir. Quyidagi misollarga e'tibor qilaylik:

...Kimki erur maxzani Qorun aning,
Mulki Jam-u toji Faridun aning... [6:80] yoki,
...Faqr berib maxzani Qorun anga,
Foqa bo'lub mulki Faridun anga... [6:86]

Umuman olganda, yozma va og'zaki adabiyotga aloqador asarlar tilida kishi nomlarining takrorlanib qo'llanishida juda ko'p o'ziga xosliklar mavjud. Masalan, ayrim nomlar yozma adabiyotda ham, og'zaki adabiyotda ham aynan bir shaxsni nomlab keladi va shu ma'noda ishlatiladi; ba'zi kishi nomlari esa bir xil shaklda bo'lishiga qaramay, boshqa-boshqa shaxslarni atab kelishi mumkin.

Asar qahramonlarining ismlarini ifodalovchi nomlar eng ko'p takrorlanuvchi nomlar bo'lib chiqadi. Baxshi yoki shoir o'z asarini, albatta, tarixiy shaxslar yoki mashhur asar qahramonlari bilan bezaydi bu bilan o'zining ko'p narsadan xabardor ekanligini ham namoyish qiladi. Shunday qilib, folklor va yozma adabiyotdagi real va noreal kishi ismlarining tadqiqi yana-da qiziqarliroq ma'lumotlar bilan onomastika sohasini boyitish mumkin.

FOYDALANILGAN ADABIYOTLAR RO'YXATI (REFERENCES)
1. Abdurahmonov D., Bektemirov H. O'zbek xalq dostonlari onomastikasi. –Toshkent: 1967.
2. Begmatov E. Uluqov N. O'zbek onomastik terminlarining izohli lug'ati. –Namangan, 2006.
3. Go'ro'g'li. 1-kitob. Nashrga tayyorlovchi

prof. S. Ro'zimboyev. "Arab tang'an" dostoni. –Urganch: Xorazm nashriyoti, 2004.
4. Go'ro'g'li. Aytuvchi Rahmatulla shoir Yusuf o'g'li. Nashrga tayyorlovchilar: T. Mirzayev va Z. Husainova. –Toshkent: Sharq, 2006.
5. Mahmudov N., Nurmonov A., Sobirov A., Nabiyeva D. Ona tili. 6-sinf uchun.
6. Navoiy. Hayrat ul-abror. O'zbek adabiyoti bo'stoni. Mas'ul muharrir Vahob Rahmonov. –Toshkent: G'.G'ulom nashriyoti, 1989.
7. Оллоёров Қ. Хоразм достонлари ономастикаси. –Тошкент: Адабиёт учқунлари, 2017.
8. Oshiqnoma. 1- kitob. Nashrga tayorlovchi prof. S. Ro'zimboyev. "Royi chin"dostoni. –Urganch: Xorazm nashriyoti, 2006.
9. Oshiqnoma. 2-kitob. Mas'ul muharrir S.Ro'zimboyev. –Urganch: Xorazm nashriyoti, 2006. "Miskim va Gulqand" dostoni.
10. Oshiqnoma. 2-kitob. Mas'ul muharrir S.Ro'zimboyev. –Urganch: Xorazm nashriyoti, 2006. "Shahriyor" dostoni.

3-CAPÍTULO.
"GO'RO'G'LINING TUG'ILISHI" DOSTONIDAGI O'Z VA O'ZLASHGAN QATLAMGA KIRUVCHI ANTROPONIMLAR

Onomastika tilshunoslikning har qanday atoqli otlarni, ularning paydo bo'lish va o'zgarish tarixini o'rganuvchi bo'limi, shuningdek, tildagi barcha atoqli otlar yig'indisini o'zida ifodalaydi. Onomastika fani atoqli nomlarni olgan obyektlarni toifalariga ko'ra bo'limlarga ajratadi. Shulardan biri antroponim (yunoncha: antropos - antropos + onoma-atoqli ot) – kishi atoqli oti (ism, familiya, laqab, taxallus, patronim va boshqalar). Ma'lum bir tilda mavjud bo'lgan barcha kishi atoqli otlari majmui antroponimiya deb yuritiladi.[1:13] Antroponimika yoki ismshunoslik esa onomastikaning kishi atoqli otlari (antroponimlar)ning paydo bo'lishi, rivoji va vazifaviy xususiyatlarini o'rganuvchi bo'limidir. O'zbek antroponimlarini ilmiy asosda to'plash va o'rganish ishlari XIX asr oxiri- XX asr boshlarida boshlangan edi. XX asrning 70-yillarida o'zbek nomshunosligi mustaqil soha sifatida shakllanishi bilan uning tarkibidagi antroponimika (ismshunoslik)ka oid tadqiqotlar ko'lami ham kengaydi. Shu davrdan boshlab o'zbek antroponimiyasi xilma-xil yo'nalishda o'rganiladigan bo'ldi. O'zbek antroponimikasi bo'yicha olib borilgan tadqiqotlar XX asrning 80-yillariga kelib, uning tarkibida turkiy qatlamni o'rganishga e'tibor berildi. Masalan, G'.Sattorov "O'zbek ismlarining turkiy qatlami" mavzuida nomzodlik ishini qimoya qildi.[2:19] Mustaqillik yillarida o'zbek antroponimikasiga oid tadqiqotlar doirasi yana ham kengaydi.

Dostonlar onomastikasida kishi nomlari-qahramonlarga qo'yilgan nomlar ya'ni antroponimlar majmuasi alohida bir guruhni tashkil etadi. Bu nomlar ham o'z navbatida etnografik va lingvistik jihatdan alohida guruhlarga ajraladi. Ma'lumki, o'zbek xalqi tarixiy davrlar mobaynida boshqa xalqlar bilan iqtisodiy, siyosiy, madaniy aloqada bo`lib kelgan. Bu aloqalar o'zaro aloqada bo`lgan xalqning tiliga ma'lum darajada o'z ta'sirini o'tkazadi. Tildagi o'zgarish va rivojlanish tilning leksikasida kuchli bo`ladi. O'zbek xalq dostonlarining onomastikasidagi atoqli nomlar genetik jihatdan aslida qaysi tildan kelishiga qarab guruhlarga ajratiladi. Biz tahlil qilishni maqsad qilgan "Go'ro'g'lining tug'ilishi" dostoni leksikasidagi antroponimlar ham qaysi qatlamga mansubligiga ko'ra quyidagi guruhlarga bo'linadi:

1.Dostonda qo'llanilgan o'z qatlamga kiruvchi antroponimlar.

2.Dostonda qo'llanilgan o'zlashma qatlamga kiruvchi antroponimlar.

Dostonda quyidagi tillarga mansub ismlarning qoʻllanilishiga guvoh boʻlamiz: arabcha, forscha, tojikcha, oʻzbekcha va boshqa tillar.

Dostonda qoʻllanilgan oʻz qatlamga kiruvchi antroponimlar.

Bu turga kiruvchi ismlar sof turkiy (oʻzbekcha) nomlar hisoblanadi. Masalan:

Mari yurtining Qovishtixon degan xoni bor edi. Qovushtixonning **Toʻliboy** *sinchi degan bir oʻgʻli bor edi.*[3:3]
Bu yerda qoʻllangan **Toʻliboy** ismi sof turkiycha (oʻzbekcha) bolib, ma'nosi toʻliq, kam-koʻstsiz qilib berilgan bola, ya'ni uzoq yashaydigan degan manoni anglatadi.

Taka turkman degan bir yurt bor edi. Bu yurtda **Jigʻalixon** *degan bek bor edi.*[3:4]
Jigʻalixon sof turkiy (oʻzbek) tilida boshida qaydaydir belgi bilan tugʻilgan bola degan ma'noni bildiradi.

Dostonda qoʻllanilgan oʻzlashma qatlamga kiruvchi antroponimlar. Bu turga kiruvchi ismlar boshqa tillardan bizning tilimizga kirib kelgan arabiy, forsiy hamda yunon tillaridan kelib chiqqan antroponimlar hisoblanadi. Masalan:

- **Arab tilidan oʻzlashgan antroponimlar.**

Burungi zamonda Yovmit degan el, Mari degan yana bir qoʻrgʻon bor edi. Yovmit yurtining

***Odilxon** degan podshosi bor edi.*[3:3]
Odilxon nomi arab leksikasidan oʻzlashgan boʻlib, haqgoʻy, adolatli, insofli inson[4:307] degan ma'nolarni anglatadi.
*Odilxonning **Bibi Oysha** degan qizi ham bor edi.*[3:3]
Oysha ismi arabcha hisoblanadi va yashovchi, barhayot, joni toshdek mustahkam qiz [4:60] kabi ma'nolarni ifodalaydi.
*Odilxon podshoning ikki oʻgʻli bolib, kattasining oti **Urayxon**, kichkinasining oti **Ahmadbek** edi.* [3:3]
Kelib chiqishi arabcha boʻlgan **Ahmad** nomi Allohga koʻp hamd-u sanolar aytuvchi kishi maqtovga, olqishga sazovor inson[4:32] kabi ma'nolarni bildiradi.
*Taka Turkman degan yana bir yurt bor edi. Bu yurtda **Jigʻalixon** degan bek bor edi, Jigʻalixonning **Gajdumbek** degan oʻgʻli, **Bibi Hilol** degan qizi bor edi.*[3:4]
Qizlarga qoʻyiladigan arabcha nomlarda yana biri **Hilol** ismi yangi chiqqan oy, bir-ikki kunlik oy chiqqan kechada tugʻilgan qiz [4:573] degan ma'nolarni anglatadi.

- **Fors-tojik tilidan oʻzlashgan antroponim.**

*Bibi Oyshaning boʻyida bolib, oy-kuni toʻlib oʻgʻil tugʻdi. Otini **Ravshanbek** qoʻydi.* [3:4]
Fors-tojik tilidan oʻzlashgan **Ravshanbek** nomi

yorugʻ, nurli, shu'lali, porloq, tiniq, pok, gʻamgʻussasiz, charogʻon yoki iqboli porloq, kuchli, idrokli, tolesi yorqin bola [4:344] degan ma'nolarni ifodalaydi.

- **Yunon tilidan oʻzlashgan antroponim.**
Barcha hukamo, qur'andoz-munajjimlarning ichida Yusuf degan bir qur'andozi bor edi. [3:11] Qadimiy yunon tilidan oʻzlashgan **Yusuf** antroponimi oʻsgan, koʻpaygan [4:524] kabi ma'nolarni bildiradi. Undan tashqari Yaqub paygʻambarning oʻgʻli Yusuf nomiga nisbat beriladi va bu Sharqda goʻzallik, xushroʻylik timsoli hisoblanadi.

Xulosa oʻrnida shuni aytish joizki, dostonda qoʻllanilgan oʻz va oʻzlashgan qatlamga mansub soʻzlar tarixan kelib chiqishi turli xil. Ular anglatgan ma'nolar ham rang-barang. Ilmiy izlanishlarimiz va tadqiqotlarimiz mobaynida shu kabi oʻzlashgan va oʻz qatlamga kiruvchi nomlarni oʻrganamiz hamda tahlilga tortamiz.

FOYDALANILGAN ADABIYOTLAR ROʻYXATI (REFERENCES)
1. Бегматов Э., Улуқов Н. Ўзбек ономастикаси терминларининг изоҳли луғати. – Наманган, 2006.
2. Сатторов Ғ.Ҳ. Ўзбек исмларннииг туркий қатлами. Н.Д.А. - Тошкент, 1990.

3. Xalq og'zaki ijodi. Go'ro'g'lining tug'ilishi. Nashrga tayyorlovchi: Malik Murodov. –Toshkent: Yangiyul Poligraph Service,2019. -208 b.
4. Э.А.Бегматов. Ўзбек исмлари маъноси: (Изоҳли луғат). –Т,: "Ўзбекистон миллий энциклопедияси" Давлат илмий нашриёти, 2007 – 608 б.

GO'RO'G'LINING TUG'ILISHI" DOSTONIDAGI O'Z VA O'ZLASHGAN QATLAMGA KIRUVCHI ANTROPONIMLAR

Dostonlar onomastikasida kishi nomlari–qahramonlarga qo'yilgan nomlar ya'ni antroponimlar majmuasi alohida bir guruhni tashkil etadi. Bu nomlar ham o'z navbatida etnografik va lingvistik jihatdan alohida guruhlarga ajraladi. Ma'lumki, o'zbek xalqi tarixiy davrlar mobaynida boshqa xalqlar bilan iqtisodiy, siyosiy, madaniy aloqada bo'lib kelgan. Bu aloqalar o'zaro aloqada bo'lgan xalqning tiliga ma'lum darajada o'z ta'sirini o'tkazadi. Tildagi o'zgarish va rivojlanish tilning leksikasida kuchli bo'ladi. O'zbek xalq dostonlarining onomastikasidagi atoqli nomlar genetik jihatdan aslida qaysi tildan kelib chiqishiga qarab guruhlarga ajratiladi. Biz tahlil qilishni maqsad qilgan "Go'ro'g'lining tug'ilishi" dostoni leksikasidagi antroponimlar ham qaysi qatlamga mansubligiga ko'ra quyidagi guruhlarga bo'linadi: O'zbek xalq dostonlarining onomastikasidagi atoqli nomlar genetik jihatdan aslida qaysi tildan kelib chiqishiga qarab guruhlarga ajratiladi. Biz tahlil qilishni maqsad qilgan "Go'ro'g'lining tug'ilishi" dostoni leksikasidagi antroponimlar ham qaysi qatlamga mansubligiga ko'ra quyidagi guruhlarga bo'linadi:

1. Dostonda qo'llanilgan *o'z* qatlamga kiruvchi antroponimlar.

2. Dostonda qo'llanilgan *o'zlashma* qatlamga kiruvchi antroponimlar.

Dostonda quyidagi tillarga mansub ismlarning qo'llanilishiga guvoh bo'lamiz: arabcha, forscha, tojikcha, o'zbekcha va boshqa tillar. Quyida esa doston tarkibidagi antroponimlarning qaysi lug'aviy qatlamga kirishi yuzasidan qilingan tahlili bilan tanishamiz.

Dostonda qo'llanilgan *o'z* qatlamga kiruvchi antroponimlar.

Bu turga kiruvchi ismlar sof turkiy (o'zbekcha) nomlar hisoblanadi. Masalan:

Xotinidan bir bola bo'ldi. Otini ***Qo'ng'irboy*** *qo'ydi.*[4:60]

Qo'ng'irboy so'zi qo'ng'ir sochli yoki qo'ng'ir ko'zli bola yoki Qo'ng'irot(qar) ismining qisqargan shakli.

Go'ro'g'li *tug'ilgandan beri go'rda chiroq yonib turar adi.*[4:60]

Go'ro'g'li Aynan: Go'rda tug'ilgan bola. Bu ism o'zbek xalq dostonlari qahramoni Go'ro'g'li nomiga nisbat berib qoyiladi. Qadimiy turkiy tilda gor – kor-botir, dovyurak, pahlavon ma'nolarini bildiradi

Dostonda qo'llanilgan *o'zlashma* qatlamga kiruvchi antroponimlar.

Bu turga kiruvchi ismlar boshqa tillardan bizning tilimizga kirib kelgan arabiy, forsiy hamda yunon tillaridan kelib chiqqan antroponimlar hisoblanadi. Masalan:

- **Arab tilidan o'zlashgan antroponimlar:**

*-Kelgan lashkar kim ekan bilib kelinglar!- deb o'zining Taka begi **Zamon** degan lashkar boshlig'ini birnecha odamlarga qo'shib, elchi qilib yubordi.* [4:7]

Zamon zamonasining munosib va suyukli hurmatli farzandi.[3:47]

*Shohdorxon podsho hammasini qo'yib yubordi. Lekin Shohdorxonning **Hamza** degan bir odami bor edi.* [4:9]

Hamza O'tkir, achchiq, kuldiruvchi, yondiruvchi, chiroq yoki dorivor o'simlik nomi. Bu nom Muhammad (s.a.v.) tog'asining ismi bo'lgan.[5:504]

*Shunda bir sher mozoristonda yotgan ekan, bolaga qarab tashlandi. Shunda hazrati **Xizr** kelib sherga bir tarsaki urdi* [4:63]

Xizr ismining ma'nosi yashil rangli, Xizr – abadiy tiriklik, barhayotlik, omadlilik timsoli. Rivoyatga ko'ra, hayot suvi bulog'ini topib ichgan afsonaviy payg'ambarning nomi. Shu uchun doimo barhayot deb hisoblanadi. U yo'ldan adashganlarga, oshiqlarga yol korsatuvchi, rahnamo deb hisoblanadi. Xidirning pok, pokiza, pardali (niqobli) ma'nolari ham mavjud

*Anal bilan **Mansur** qurgan dormidi,*
Tirik ayrilgan, bir ko'rgali zormidi,
Yur, chirog'im, deydi meni qo'ymaydi,
Senda aka, menda tog'a bormidi? [4:66]

Mansur so'zi afzal, ustun , g'olib , muzaffar degan ma'nolarni bildiradi.

- **Fors-tojik tilidan o'zlashgan antroponim:**

*Rustam: -Endi davlatga ega bo'ldim, xotin olmasam sira ham bo'lmaydi,-deb **Badgir** deganning singlisini oldi.* [4:60]

Badgir ismi to'g'ri ishni , gapni teskariga buruvchi; ha deb gina qilaveruvchi , gina saqlovchi; kekchi.

***Badkir** tilla soqqadan bo'lgan oshiqni qo'liga olib, Go'ro'g'lini aldab, ushlab olib kelay, deb Go'ro'g'linining oldiga yaqinlab keldi.* [4:76]

Badkir kam qo'l. Yomon qabih, razil; shunday ishlar qiluvchi inson degan ma'noni bildiradi.

Xulosa o'rnida shuni aytishimiz joizki, dostonda qo'llanilgan o'z va o'zlashgan qatlamga mansub so'zlar tarixan kelib chiqishi turli xil. Yana shuni alohida ta'kidlashimiz lozimki,

"Go'ro'g'lining tug'ilishi" dostonida qo'llanilgan antroponimlarning ko'pchiligini, asosan, arab va fors-tojik tilidan o'zlashgan antroponimlar tashkil qiladi. Ular anglatgan ma'nolar ham turlicha. Ilmiy izlanishlarimiz va tadqiqotlarimiz mobaynida shu kabi o'zlashgan va o'z qatlamga kiruvchi nomlarni o'rganamiz hamda tahlilga tortamiz.

FOYDALANILGAN ADABIYOTLAR RO'YXATI (REFERENCES)
1. Бегматов Э., Улуқов Н. Ўзбек ономастикаси терминларининг изоҳли луғати. – Наманган, 2006.
2. Сатторов Ғ.Ҳ. Ўэбек исмларнниг туркий қатлами. Н.Д.А. - Тошкент, 1990.
3. Э.А.Бегматов. Ўзбек исмлари маъноси: (Изоҳли луғат). –Т,: "Ўзбекистон миллий энциклопедияси" Давлат илмий нашриёти, 2007 – 608 б.
4. Go'ro'g'lining tug'ilishi: xalq og'zaki ijodi. – Toshkent : Yangiyul Poligraph Service, 2019. – 208 b.
5. Бекмуродов Н. Чиройли исмлар тўплами. – Т.: "Янги аср авлоди", 2015. – 524 б.

GO'RO'G'LINING TUG'ILISHI" DOSTONIDAGI O'Z VA O'ZLASHGAN QATLAMGA KIRUVCHI ANTROPONIMLAR

"Go'ro'g'li" – dostoni xalq og'zaki ijodining qadimgi yodgorliklaridan biri hisoblanadi. Asosan Yaqin va O'rta Sharq, Markaziy Osiyo va Janubiy Kavkaz xalqlarida ko'p tarqalgan qahramonlik eposi, dostondir. Turkumga birlashgan dostonlar turli davrlarda yaratilgan. Ulardan ayrimlarining ildizlari bir yarim-ikki ming yil ilgarigi davrlarga borib taqaladi. Barcha versiyalarda mavzu asosini <u>adolat</u>, ozodlik va xalq <u>baxt</u>-saodati yo'lida kurashuvchi bahodir Go'ro'g'li (Markaziy Osiyo versiyasida) yoki Ko'ro'g'li (g'arbiy versiyasida)ning jasoratlari ifodalangan.

"Go'ro'g'lining tug'ulishi" dostonida qo'llangan atoqli otlar, ya'ni antroponimlarni o'z qatlam va o'zlashgan qatlamga ajratib chiqamiz. Bilamizki, o'zlashgan qatlamga kiruvchi atoqli otlar boshqa tildagi so'zning bizning tilimizga o'tishidan kelib chiqadi. Dostonning ko'plab variantlari bo'lganligi va uning turli til vakillari orasida qo'llanilishidan o'z ichiga turli til ismlarini jamlagan. Bu, albatta, dostonga rang-baranglik va estetik zavq bag'ishlagan. Dostonda turli tilda ishlatiladigan antroponimlarni uchratishimiz mumkin. Masalan: arab tilida, fors tilida, tojik tilida va shunga o'xshash tillardagi atoqli otlar. Dostonda qo'llanilgan antroponimlar:

1. **Dostonda qo'llanilgan o'z qatlamga kiruvchi antroponimlar.**

2. **Dostonda qo'llanilgan o'zlashma qatlamga kiruvchi antroponimlar.**

Dostonda qo'llanilgan o'z qatlamga kiruvchi antroponimlar.

Bu turga kiruvchi ismlar sof turkiy (o'zbekcha) nomlar hisoblanadi. Masalan:

*Mari yurtining **Qovishtixon** degan xoni bor edi. **Qovishtixonning** To'liboy sinchi degan o'g'li bor edi. Ko'p esli, aqlli, tamizli, farosatli odam edi.* [5:3]

Qovishtixon – ismi sof turkiy (o'zbekcha) so'z bo'lib, qovishmoq, qovishtirmoq, jipslashmoq, ahillashmoq degan ma'nolarda qo'llaniladi.

Dostonda qo'llanilgan o'zlashma qatlamga kiruvchi antroponimlar.
• **Tojik tilidan o'zlashgan antroponimlar.**
*Odilxonning podshoning ikki o'g'li bo'lib, kattasining oti **Urayxon**, kichinasining oti Ahmadbek edi.* [5:3]
Urayxon – antroponimi tojik tilida hisoblanadi va qo'l yoki biron narsa orqali zarb bermoq, urmoq,

turtmoq singari ma'nolarni anglatadi.

*Taka Turkman deganyana bir yurt bor edi. Bu yurtda Jig'alixon degan bek boredi, Jig'alixonning **Gajdumbek** degan o'g'li, Bibi Hilol degan qizi bor edi.* [5:4]

Gajdumbek – so'zi asosidagi "gaj" so'zidan kelib chiqadigan bo'lsak, tojik tilida egri, egilgan, qiyshiq degan ma'nolarni anglatadi.

*Ana endi gapni Zargar degan shahardan eshiting: Zargar shahrining **Shohdorxon** degan podshosi bor edi.* [5:4]

Shohdorxon – ismi tojik tilidan olingan bo'lib, boshida qandaydir ortiqcha bel(do'ngcha) bilan tug'ulgan bola. [4:503]

*Shunday bo'lsa ham, **Xolmonning** so'zi yaylovga chiqmadi, bir o'zi bo'lib qoldi.* [5:38]

Bu yerda keltirilgan, **Xolmon** antroponimi tojik tilida hisoblanadi va yaxshi hollik, baxtiyor, mamnun inson.

- **Ko'chma-salblar tilidan o'zlashgan antroponimlar.**

*Lekin Shohdorxonning **So'qim** degan bir sinchisi bor edi.* [5:38]

So'qim – ismi dangasa, ishlamay yeb yotuvchi inson ma'nosini ifodalaydi.

- **Pahlaviy tilidan o'zlashgan antroponimlar.**

*Bu gapni eshitib **Rustambekning** yuragi "jiz" etib ketdi, ildam-ildam yurib, tikka Bibi Hilolning oldiga yetdi.* [5:54]

Rustamxon – antroponimi "Avesto"dagi Raodastan so'zidan yasalgan bo'lib, gavdali, qudratli dovyurak, baxodir. [4:354]
- **Arab tilidan o'zlashgan antroponimlar.**

Nimagaki, Xannon shoir so'z aytib kelgan mehmonning, o'tirgan odamlarning vaqtini xushlaydi, o'rdaga olib keladi.[5:103]
Xannon – atoqli oti arab tilidan o'zlashgan so'z bo'lib, shavqatli, muruvvatli, g'amxo'r. Bu Allohning sifatlaridan biri. [4:461]

Ko'rib turganimizdek dostonda keltirilgan antroponimlar turli til doiralarida qo'llaniladigan ismlarda tashkil topgan va bu dostonning ko'plab variantlarini turli tillarda aytilganiga bir isbot bo'ladi. O'z o'rnida bu dostonga estetik zavq va rang-baranglik bag'ishlagan. Yana shuni alohida ta'kidlashimiz lozimki, "Go'ro'g'lining tug'ilishi" dostonida qo'llanilgan antroponimlarning ko'pchiligini, asosan, arab va fors-tojik tilidan o'zlashgan antroponimlar tashkil qiladi. Ular anglatgan ma'nolar ham turlicha. Ilmiy izlanishlarimiz va tadqiqotlarimiz mobaynida shu kabi o'zlashgan va o'z qatlamga kiruvchi nomlarni o'rganamiz hamda tahlilga tortamiz.

FOYDALANILGAN ADABIYOTLAR RO'YXATI (REFERENCES)

1. Бегматов Э., Улуқов Н. Ўзбек ономастикаси терминларининг изоҳли луғати. – Наманган, 2006.
2. Сатторов Ғ.Ҳ. Ўзбек исмларннииг туркий қатлами. Н.Д.А. - Тошкент, 1990.
3. Э.А.Бегматов. Ўзбек исмлари маъноси: (Изоҳли луғат). –Т,: "Ўзбекистон миллий энциклопедияси" Давлат илмий нашриёти, 2007 – 608 б.
4. Ўзбек исмлари маъноси: (Изохли лугат) — Т.: «Ўзбекистон миллий энциклопедияси» Давлат илмий нашриёти, 2007 — 608 б.
5. Go'ro'g'lining tug'ilishi: xalq og'zaki ijodi. – Toshkent : Yangiyul Poligraph Service, 2019. – 208 b.

"GO'RO'G'LINING TUG'ILISHI" DOSTONIDAGI O'Z VA O'ZLASHGAN QATLAMGA KIRUVCHI ANTROPONIMLAR

"Go'ro'g'li" dostonlari xalq dostonchiligida har biri mustaqil yashagan va ayrim-ayrim nomga ega bo'lgan asarlar silsilasi, muayyan omillar bilan bir-biriga birlashgan kattakon turkum bo'lib, ko'pgina xalqlar orasida juda keng tarqalgan. Ayrim xalqlarda baxshilar tomonidan hozir ham kuylanib kelinmoqda. Bu dostonlar o'zbek, tojik, turkman, ozarbayjon, turk, qozoq, qoraqalpoq, arman, gruzin, kurd xalqlari epik ijodiyotida o'ziga xos turkumlarni tashkil etadi, shuning uchun ham bu dostonda turli xil tillarga oid antroponimlar qo'llangan. "Go'ro'g'lining tug'ilishi" dostonida ham turli tillarda qo'llanadigan ismlar uchraydi va ular: arab tili, tojik tili, o'zbek (sof turkey) til, yunon va boshqa tillar. Bu dostonga o'ziga xos estetik zavq bag'ishlagan.

Dostonda turli tillarga oid ismlarning qo'llanilishi shuni anglatadiki, doston ko'plab yillar ilgari paydo bo'lgan va turli elatlat, xalqlar orasida bir-biriga o'tib turli o'zgarishlarga uchragan. Shu sababli ko'pchilik tilga oid ismlar qo'llangan va vaqtlab o'tib hozirgi holatiga kelgan. Dostondagi antoponimlarni 2 turga ajratib tahlil qilamiz: o'z qatlam va o'zlashma qatlam.

Shulardan birinchisi o'z qatlam.

Dostonda qo'llanilgan o'z qatlamga kiruvchi antroponimlar.

Bu turga kiruvchi ismlar sof turkiy (o'zbekcha) nomlar hisoblanadi. Masalan:

*Har kimni ko'rsa so'ratdi,
Undan Zominga yetdi.
Qirq sonli **Baroqxonning** yurti,
O'ratepaga yetdi.* [5:143]

Baroqxon antroponimi o'zbek tilidan olingan bo'lib, tiniq, ravshan, porloq inson deganidir. O'zbek xalqining qo'ng'irot va qarag'on qabilalari tarkibiga kirgan urug' nomi. [4:47]

Dostonda qo'llanilgan o'zlashma qatlamga kiruvchi antroponimlar.
- **Arab tilidan o'zlashgan antroponimlar.**

*Xannon bilan ikki yasovul – birining oti **Xolmat**, birining oti Olmat - -uchovlari jo'nadi.* [5:103]

Xolmat – arab tilidan olingan bo'lib, Xolmuhammad ismining qisqargan varianti hisoblanadi. [4:466]

*Kundan kun, tundan tun o'tdi. Go'ro'g'li sakkiz yoshga kirdi, Ahmadbek Go'ro'g'lini maktabga qo'ymoqchi bo'ldi, shaharning ichida **Muhammad** Yusuf otli bir olim kishi bor edi.*

[5:114]
Muhammad – ismi arab tilida eng mashhur ismlardan boʻlib, Muhammad ismiga qaratilgan va bu ismni ma'nosi maqtovga olqishga sazovor inson. Muhammad paygʻambarning ismi. [4:266]
Shirvonning Rayhon arab degan podshosi bor edi. Iroq mamlakati, Arabiston shunga qarar edi; rayhon arab Xoljuvonga oshiq edi. [5:116]
Rayhon – arabcha ism boʻlib, nozboʻy, rayhon yoki majoziy ma'noda: farzandlar bolalar degan ma'noni anglatadi. [4:345]

- **Tojik tilidan oʻzlashgan antroponimlar.**
Ahmadbekning Xoljuvon degan xotini bor edi. Lekin farzandi yoʻq edi. Xoljuvon qanday xotin – tovusday taralgan, bellari buralgan, har xil kiyimlarga oʻralgan, oynaga qaragan, zuilfini taragan, oʻziga loyiq roʻmollar oʻragan. [5:110]
Xoljuvon – tojikcha soʻz boʻlib, kattaroq xol bilan tugʻilgan qiz, juvon soʻzi hali yosh boʻlishiga qaramay turmushga chiqqan qiz ma'nosini ifodalaydi.

*Bu aytgan soʻzingiz juda yaxshi, qutligʻ boʻlsin, – deb turdilar. Ayollarning ortasida Holmat yasovulboshining **Xoldonoy** degan xotini bir soʻz dedi:*

Goh-goh oʻzimdan ketdim har zamon,
Togʻlarning boshini cholgandir tuman.
Ollohim yetkarsin sizni maqsadga,

Farzandingiz qutlug' bo'lsin, opajon!.. [5:112]
Xoldonoy – atoqli oti kelib chiqishi tojikcha hisoblanib, xol bilan tug'ilgan qiz, xoldor qiz degan ma'noni bildiradi. [4:464]

Xoljuvon bu so'zni turgan oyimlaridan kattasi Xoldonadan eshitib, **Durdona** *degan kanizakka:*
– Besh-olti o'zingga yarasha qizlardan birga olib, Go'ro'g'libekni bunda olib kelinglar, – dedi. [5:112]

Durdona – antroponimi tojik tilidan o'zlashgan bo'lib, inju donasi, a'lo marvarid: eng aziz, qadrli qiz degan ma'noni anglatadi. [4:118]

- **Yunon tilidan o'zlashgan antroponimlar.**

Yor ketkazaryuraklarning cherini,
Eshitmading, bek Soqining zorini.
Senga berayik **Yunus**, *Misqol parini,*
Senga berayik shularning ixtiyorini.
Parilar xotining bo'lsin, Go'ro'g'li! [5:164]

Yunus – anroponimi yunon tilidan kirib kelgan bo'lib, yunonchada kaptar, kabutar. Yunus payg'ambarning nomi ma'nolarida qo'llanadi. [4:523]

"Go'ro'g'lining tug'lishi" dostonidagi ko'plab ismlarning qaysi tilga tegishli ekanlini va ma'nolarini ko'rib chiqdik. Ko'rganingizdek turli tilga oid ismlar qo'llangan, bu esa dostonga o'zgacha estetika bag'ishlagan. Xulosa o'rnida shuni alohida ta'kidlashimiz lozimki, "Go'ro'g'lining tug'ilishi" dostonida qo'llanilgan antroponimlarning koʻpchiligini, asosan, arab va fors-tojik tilidan oʻzlashgan antroponimlar tashkil qiladi. Ular anglatgan ma'nolar ham turlicha. Ilmiy izlanishlarimiz va tadqiqotlarimiz mobaynida shu kabi oʻzlashgan va oʻz qatlamga kiruvchi nomlarni oʻrganamiz hamda tahlilga tortamiz.

FOYDALANILGAN ADABIYOTLAR ROʻYXATI (REFERENCES)

1. Бегматов Э., Улуқов Н. Ўзбек ономастикаси терминларининг изоҳли луғати. – Наманган, 2006.
2. Сатторов Ғ.Ҳ. Ўзбек исмларнниг туркий қатлами. Н.Д.А. - Тошкент, 1990.
3. Э.А.Бегматов. Ўзбек исмлари маъноси: (Изоҳли луғат). –Т,: "Ўзбекистон миллий энциклопедияси" Давлат илмий нашриёти, 2007 – 608 б.
4. Э. А. Бегматов. – Тошкент. "Ўзбекистон миллий энциклопедияси" Давлат илмий нашриёти, 2016. - 608 b.
5. Goʻroʻgʻlining tugʻilishi: xalq ogʻzaki ijodi. – Toshkent : Yangiyul Poligraph Service, 2019. - 208 b

"GO'RO'G'LINING TUG'ILISHI" DOSTONIDAGI ANTROPONIMLARNING VARIANTDOSHLIGI

Qadimgi davrlarda turli xalqlarning bir-birlari bilan muloqoti, savdo-sotiq ishlari va boshqa ishlar orqali ularning tilidagi so'zlarini o'rganish va o'z tilida qo'llash orqali bir tildan ikkinchi tilga so'zlar ko'chib o'tgan. Nafaqat odatiy so'zlar, balki isimlar ham boshqa tillarda qo'llanilib ishlatila boshlagan. Ismlarning boshqa tilga o'tishi jarayonida ularning tarkibida o'zgarish bo'ladi. Buning natijasida variantdoshlik hosil bo'ladi. Bir tildagi sm boshqa tilga o'tganda uning tarkibidagi tovushlar va qo'shimchalarning o'zgarib ketishi natijasida ismlarning variantlari kelib chiqadi. Darslab antroponimlar atamasi 1960-1970-yillaerda vujudga kelgan. O'zbek ismlarini o'rganish bilan shug'ullangan olimlar: E.T. Smirnov, keyinchalik N.S. Lekoshin va V.F. Oshanim, tilshunos olimlar A. Samoylovich kabi olimlar ko'plab tadqiqotlat olib borishgan, shuning bilan birga o'zbek ismlarini rus tilida trasnliteratsiyada ifodalashgan. O'zbek ismlariga qiziqish 1960-yillardan boshlandi. Shu yillarda D. Abdurahmonov, O'. Nosirov, F. Abdullayev, A. Ishanov kabi olimlaro'zbek antroponimlari haqida ko'plab ilmiy va ilmiy-ommobob maqolalarni nasher qildiradi. Shundan keyin bu mavzuda ko'plab olimlarning qiziqishi uyg'ondi va turli yo'llar orqali ismlar izohlandi. Biz bu maqolada antroponimlarning variantdoshlarini ko'rib chiqamiz.

Variantdosh antroponimlar.
Qovishtixonning yetti yoshli o'g'li – To'liboy sinchini bandi qilib olib ketdi.[4:3]
To'liboy ismining quyidagicha variantlari bor: *To'lijon, To'libek.*
*Taka Turkman degan yana bir yurt bor edi. Bu yurtda **Jig'alixon** degan bek bor edi.*[4:4]
Jig'alixon ismining quyidagicha variantlari bor: *Jig'alibek, Jig'alijon.*
***Odilxon** podsho buni eshitib, achchig'i kelib, birdan sarboz askar chaqirib, to'p-to'pxonasi bilan Mari yurtini tep-tekis qilib yubordi.*[4:3]
Odilxon antroponimini shunday variantlari bor: *Odil, Odiljon, Odilbek, Odilxo'ja.*
*Bibi **Oysha** bo'ynida bo'lib, oy kuni to'lib, o'g'il tug'di va ismini Ravshanbek qo'ydi.*[4:4]
Oysha ismini quyidagicha variantlari bor: *Oyshabodom, Oyshagul, Oyshahar, Oyshakar.*
*-**Ahmadbek** sizni ko'rmay, bizlarni g'azabqilib, Go'ro'g'lini olib kelinglar deb yubordi,-dedilar.*[4:130]

Ahmadbek ismini *Ahmadbaxsh, Ahmadnazar, Ahmadjon, Ahmadulla kabi variantlari bor.*

*Ey podsho, bizlarning sizga arzimiz bor! Bizlarga javob bersangiz, Bibi **Hilol**ni so'ramiz, ustiga olov qo'yamiz, o'zini kuydirib, kulini elakdan o'tkazib yuboramiz.*[4:64]
Hilol ismining *Hilola, Hiloliy* kabi variantlari bor.
***Ravshanbek** shunda bildi. "Bizlar anjomsiz, So'qim sinchi anjomli – nayzali, miltiqli, mabodo bizni otib tashlamasin", - dedi.*[4:49]
Ravshabek antroponimining quydagicha variantlari bor: Boboravshan, Ravshanali.
*Barcha hukamo, qur'andoz-munajjimlarning ichida **Yusuf** degani bor edi. Yusuf podshoga qarab, tush ta'biriniaytib, bir so'z dedi.*[4:11]
Yusuf ismining *Yoryusuf, Yusufkeldi, Yusufmirza, Yusufqul* va *Yusufmirza* kabi variantlari bor.

Xulosa o'rnida shuni aytish joizkiy, bitta antroponimning bir nechtalab variantlari bor ekan. Bundan kelib chiqadiki, o'sha davrlarda ham boshqa tildagi ismlarni o'z farzandlari qo'yish, ularni o'zga til ismlari bilan nomlash bo'lgan ekan. Lekin ko'rib turibmizki, bu jarayonda ismlarning o'zgarishi kuzatilgan. Bundan keyingi ilmiy ishlarimizda va tadqiqotlarimiz bu mavzuni yanada mukammalroq qilib urganamiz

FOYDALANILGAN ADABIYOTLAR

RO'YXATI (REFERENCES)

1. Бегматов Э., Улуқов Н. Ўзбек ономастикаси терминларининг изоҳли луғати. – Наманган, 2006.
2. Сатторов Ғ.Ҳ. Ўзбек исмларннииг туркий қатлами. Н.Д.А. - Тошкент, 1990.
3. Э.А.Бегматов. Ўзбек исмлари маъноси: (Изоҳли луғат). –Т,: "Ўзбекистон миллий энциклопедияси" Давлат илмий нашриёти, 2007 – 608 б.
4. Xalq og'zaki ijodi. Go'ro'g'lining tug'ilishi. Nashrga tayyorlovchi: Malik Murodov. –Toshkent: Yangiyul Poligraph Service,2019. – 208 b.

"GO'RO'G'LINING TUG'ILISHI" DOSTONIDAGI ANTROPONIMLARNING VARIANTDOSHLIGI

"Go'ro'g'lining tug'ilishi" dostoni xalq og'zaki ijodining yorqin namunalaridan biri hisoblanadi. Ko'plab yillar mobaynida tillardan tillarga o'tib, sayqallanib hozirgi mukammal holatiga yetib keldi va uning 100 dan ortiq variantlari mavjud. Ular turli-tuman baxshilar tomonida kuyga solinganligi tufayli ko'plab variantlari hosil bo'lgan. Folklor asari ijro jarayoni davomida qaytadan yaratiladi, yangi yashash holatiga kiradi va bu holat o'ziga xos variantlarni paydo etadi. [1:18] Variantlilik folklorning yashash tarzi hisoblanadi va u asarlarning syujeti, obrazliligi, poetikasi, janr xususiyatlarini to'la qamrab oladi. Variant bu ma'lum bir asarning jonli og'zaki epik an'ana ostida paydo bo'lgan, bir-birini inkor etmaydigan o'zaro farqlanuvchi turli-tuman nusxalaridir. Variantlar ko'paygani sari asarlarning syujetida va obrazlarida kichik farqlar ko'zga ko'rina boshlaydi. Ularni bir-biriga solishtirib ko'rsak, voqealaridagi o'zgarishlarni payqashimiz mumkin va asar qahromonlarining ismlaridagi farqlarni ham ko'ramiz mumkin.

Variantlilik bir asarning syujet va kompozitsiyasida muhim o'zgarishlar bilan bir necha nusxalarga ega bo'lishi xalq og'zaki ijodidagi variantlilik xususiyatini hosil qiladi. Og'zaki ijod namunasiga ijrochi o'z dunyoqarashini, ijod usulini, kasb-kori xususiyatlarini singdirishi orqali boshqa bir variant hosil bo'ladi va asarda muhim, nomuhim o'zgarishlar bo'ladi. Shu tariqa biz o'rganyotgan antroponimlarni ham turli shakllarini vujudga keltiradi. Dostonlarning tildan tilga o'tishi mobaynida ismlar turli taraflarga yoyiladi. Bu maqolamizda dostonda qatnashgan antroponimlarning turli variantlarini ko'rib chiqamiz.

Variantdosh antroponimlar.

*Rustam: -Endi davlat egasi bo'ldim, xotin olmasam sira ham bo'lmaydi,- deb Badgir deganning singlisini oldi. Xotinidan bir bola bo'ldi. Otini **Qo'ng'irboy** qo'ydi.* [2:60]
Bu yerda keltirilgan **Qo'ng'irboy** ismining Qo'ng'ir, Qo'ng'irjon shakllarini uchratishimiz mumkin.

*-Kelgan lashkar kim ekan bilib kelinglar!- deb o'zining Taka begi **Zamon** degan lashkar boshlig'ini bir necha odamlarga qo'shib, elchi qilib yubordi.* [2:7]
Zamon anroponimi arabcha bo'lib, Zamontoy, Zamonmirza, Zamonqul va Zamonmurod [3:147] shaklari mavjud.

*Shohdorxon podsho hammasini qo'yib yubordi. Lekin Shohdorxonning **Hamza** degan bir*

odami bor edi. [2:9]
Quyida keltirilgan **Hamza** atoqli otining
Hamzaqul, Hamzaxon va Hamzaxo'ja [4:504]
kabi shakllarini kuzatamiz.

*Anal bilan **Mansur**ga qurgan dormidim,*
Tirik ayrilgan, bir ko'rgali zormidi,
Yur, chirog'im, deydi meni qo'ymaydi,
Senda aka, menda tog'a bormidi? [2:66]
Bu misralarda keltirilgan **Mansur** ismining
Mansurboy, Mansurjon va Mansurxon shakllari
mavjud. [4:167]

Izlagan banda murodga yetibdi,
*Bek **Rustam** ko'p qayg'uni tortibdi.*
Mozorotga borib ko'rsa Rustambek,
Ko'z yoshiga chakkalari loy bo'lib,
Pishillab Go'ro'g'li uxlab yotibdi. [2:73]
Shu yerning o'zidayoq **Rustam** ismining
Rustamxon, Rustamboy va Rustamjon kabi
shakllarini ham uchratishimiz mumkin. [4:270]

Xannon bilan ikki yasavul – birining oti
***Xolmat**, birining oti Olmat – uchovlari jo'nadi.*
Xolmat ismining Xolmamat, Xolmatto'ra kabi
turlari bor. Xolmat ismi aslida Xolmuhammad
ismining qisqargan shakli hisoblanadi. [3:466]

Kundan kun, tundan tun o'tdi. Go'ro'g'li
sakkiz yoshga kirdi., Ahmadbek Go'ro'g'libekni
maktabga qo'ymoqchi bo'ldi, shaharning ichida
***Muhammad** Yusuf otli bir olim kishi bor edi.*
[2:114]
Muhammad payg'ambarimizning ismlari

hisoblanadi. Bu ism hozirda juda ko'p bolalarga qo'yilayotga ismlar reytingida yuqori o'rinlarda turadi. Bu ismning shakllari juda ko'p bo'lib, bular: Muhammadaziz, Muhammadali, Muhammadyusuf, Muhammadayyub va boshqalar. [3:266-274]

Mana ko'rib turganimizdek, bu dostonlarda ko'plab variantdoshlariga ega bo'lgan antroponimlar qatnashgan. Bunga sabab esa, dostonning ko'plab variantlarga egaligi desak xato bo'lmaydi. Ular ismlarning turli-tuman shakllarini vujudga kelishida katta hissa qo'shgan.

Xulosa o'rnida shuni aytish mumkinki, ismlarning shu qadar ko'p shakllarga egaligi tilimizni boy va rang-barangligini isbotlab beradi. Dostonda qanchadan-qancha bu yerga kiritilmay qolgan variantdosh ismlar bor va keyingi ilmiy ishlarimizda ularni ham tahlil qilishga tortamiz.

FOYDALANILGAN ADABIYOTLAR RO'YXATI (REFERENCES)

1. O'zbek folklori [Matn]: darslik / T.Mirzayev, Sh.turdimov, M.Jo'rayev, J.Eshonqulov, A.tilavov. – Toshkent: "Tafakkur-bo'stoni", 2020. – 240 b.
2. Xalq og'zaki ijodi. Go'ro'g'lining tug'ilishi. Nashrga tayyorlovchi: Malik Murodov.

–Toshkent: Yangiyul Poligraph Service, 2019. – 208 b.

3. Э.А.Бегматов. Ўзбек исмлари маъноси: (Изоҳли луғат). –Т,: "Ўзбекистон миллий энциклопедияси" Давлат илмий нашриёти, 2007 – 608 б.

4. Бекмуродов Н. Чиройли исмлар тўплами. – Т.: "Янги аср авлоди", 2015. – 524 б.

MUNDARIJA

INTRODUÇÃO 3
1-CAPÍTULO
NOMES DE PESSOAS REAIS E NÃO REAIS NA LÍNGUA DA ÉPICA DE KHORAZM
.... 6
1.1. Nomes de pessoas reais e não reais na língua da épica de khorazm 6
1.2. Antropônimos no épico "o nascimento de gurugli" que estão incluídos na sua camada própria e assimilada 18
1.3. Antropônimos no épico "o nascimento de gurugli" que estão incluídos na sua camada própria e assimilada 24
1.4. Antropônimos no épico "o nascimento de gurugli" que estão incluídos na sua camada própria e assimilada 29
1.5. Antropônimos no épico "o nascimento de gurugli" que estão incluídos na sua camada própria e assimilada 34

1.6. Variante homogeneidade de antropônimos na épica "o nascimento de gurugli" 39

1.7. Variante homogeneidade de antropônimos na épica "o nascimento de gurugli" 43
2- CAPÍTULO. XORAZM DOSTONLARI TILIDA UCHRAYDIGAN REAL VA NOREAL SHAXS NOMLARI 48
2.1. Xorazm dostonlari tilida uchraydigan real va

noreal shaxs nomlari 48

3- CAPÍTULO. "GO'RO'G'LINING TUG'ILISHI" DOSTONIDAGI O'Z VA O'ZLASHGAN QATLAMGA KIRUVCHI ANTROPONIMLAR 60

3.1. "Go'ro'g'lining tug'ilishi" dostonidagi o'z va o'zlashgan qatlamga kiruvchi antroponimlar 60

3.2. "Go'ro'g'lining tug'ilishi" dostonidagi o'z va o'zlashgan qatlamga kiruvchi antroponimlar 66

3.3. "Go'ro'g'lining tug'ilishi" dostonidagi o'z va o'zlashgan qatlamga kiruvchi antroponimlar...... 71

3.4. "Go'ro'g'lining tug'ilishi" dostonidagi o'z va o'zlashgan qatlamga kiruvchi antroponimlar 76

3.5. "Go'ro'g'lining tug'ilishi" dostonidagi antroponimlarning variantdoshligi ... 81

3.6. "Go'ro'g'lining tug'ilishi" dostonidagi antroponimlarning variantdoshligi ... 85

www.ingramcontent.com/pod-product-compliance
Lightning Source LLC
LaVergne TN
LVHW021239080526
838199LV00088B/4993